Tastenkürzel für Windows & Office

Michael Kolberg

Tastenkürzel

für Windows & Office

Die wichtigsten Funktionen
im schnellen Zugriff

Markt+Technik

Bibliografische Information der Deutschen Nationalbibliothek
Die Deutsche Nationalbibliothek verzeichnet diese Publikation in der Deutschen Nationalbibliografie; detaillierte bibliografische Daten sind im Internet über http://dnb.dnb.de abrufbar.

10 9 8 7 6 5 4 3 2 1

15 14 13

ISBN 978-3-8272-4823-7

Covergestaltung: Marco Lindenbeck, webwo GmbH, m.lindenbeck@webwo.de
Lektorat: Thomas Pohlmann
Herstellung: Elisabeth Prümm, epruemm@pearson.de
Fachlektorat und Korrektorat: Frauke Wilkens, München
Satz: Cordula Winkler, mediaService, Siegen (www.mediaservice.tv)
Druck und Verarbeitung: Drukarnia Dimograf, Bielsko-Biala
Printed in Poland

Inhaltsverzeichnis

Einleitung

Tastenkombinationen sind eine feine Sache. Man bekommt schnell einen direkten Zugriff auf Funktionen des Programms, die per Maus nur mühsam und über Umwege mit mehreren Mausklicks zu erreichen sind. Solche Kürzel können die Interaktion mit dem Computer erleichtern und bei der Arbeit mit Windows und anderen Programmen Zeit und Aufwand sparen.

In diesem Buch haben wir Ihnen – fast – alle Kombinationen zusammengestellt, die Sie für die Arbeit mit Microsoft Windows 7 und Office 2010 benötigen. Beachten Sie bitte die folgenden Punkte:

- In der Mehrzahl der Fälle werden Sie mehrere Tasten gleichzeitig drücken müssen. In diesem Buch ist das durch zwei oder mehrere Tasten gekennzeichnet, die durch ein Pluszeichen verbunden sind – beispielsweise [Strg]+[C].
- In manchen Fällen müssen Sie auch Tasten direkt nacheinander drücken. Für diesen Zweck benutzen wir in diesem Buch ein Komma – beispielsweise [Alt], [D].

Die hier beschriebenen Tastenkombinationen beziehen sich auf das deutsche Tastaturlayout. Die Tasten anderer Tastaturlayouts stimmen möglicherweise nicht mit dem deutschen Tastaturlayout überein.

Windows 7

Auf dem Desktop arbeiten

Mit der Taste [Win] arbeiten	
[Win]	Öffnen bzw. Schließen des Startmenüs
[Win]+[Pause]	Anzeigen der Systemeigenschaften
[Win]+[D]	Anzeigen des Desktops
[Win]+[M]	Minimieren aller Fenster
[⇧]+[Win]+[M]	Wiederherstellen minimierter Fenster auf dem Desktop
[Win]+[E]	Öffnen des Fensters *Computer*
[Win]+[F]	Suchen nach einer Datei oder einem Ordner
[Strg]+[Win]+[F]	Suchen nach Computern (sofern sich der Rechner in einem Netzwerk befindet)

Mit der Taste [Win] arbeiten *(Forts.)*	
[Win]+[L]	Sperren des Computers oder Wechseln des Benutzers
[Win]+[R]	Öffnen des Dialogfeldes *Ausführen*
[Win]+[T]	Umschalten zwischen Taskleistensymbolen für Programme
[Win]+Zahl	Starten des Programms, das an der durch die Zahl angegebenen Position an die Taskleiste angeheftet ist bzw. Wechsel zu dem betreffenden Programm, wenn es bereits ausgeführt wird
[⇧]+[Win]+Zahl	Starten einer neuen Instanz des Programms, das an der durch die Zahl angegebenen Position an die Taskleiste angeheftet ist
[Strg]+[Win]+Zahl	Wechseln zum letzten aktiven Fenster des Programms, das an der durch die Zahl angegebenen Position an die Taskleiste angeheftet ist
[Alt]+[Win]+Zahl	Öffnen der Sprungliste für das Programm, das an der durch die Zahl angegebenen Position an die Taskleiste angeheftet ist
[Win]+[⇆]	Umschalten zwischen Programmen, die auf der Taskleiste minimiert sind, mithilfe von Aero-Flip-3D
[Strg]+[Win]+[⇆]	Verwenden der Pfeiltasten zum Umschalten zwischen Programmen auf der Taskleiste mithilfe von Aero-Flip-3D
[Strg]+[Win]+[B]	Wechseln zu dem Programm, von dem im Infobereich eine Meldung angezeigt wurde
[Win]+[↑]	Maximieren des Fensters

Mit der Taste ⊞ arbeiten *(Forts.)*	
⊞ + ←	Maximieren des Fensters auf der linken Seite des Bildschirms
⊞ + →	Maximieren des Fensters auf der rechten Seite des Bildschirms
⊞ + ↓	Minimieren des Fensters
⊞ + Pos1	Minimieren aller Fenster mit Ausnahme des aktiven Fensters
⊞ + ⇧ + ↑	Vergrößern des Fensters bis zum oberen und unteren Rand des Bildschirms
⊞ + ⇧ + ← oder →	Verschieben eines Fensters von einem Monitor auf einen anderen Monitor
⊞ + P	Auswählen eines Anzeigemodus für Präsentationen
⊞ + G	Umschalten zwischen Gadgets
⊞ + U	Öffnen des Centers für erleichterte Bedienung
⊞ + X	Öffnen des Windows-Mobilitätscenters

Allgemeine Tastenkombinationen	
F1	Anzeigen der Hilfe
Strg + C oder Strg + Einfg	Kopieren des ausgewählten Elements
Strg + X	Ausschneiden des ausgewählten Elements
Strg + V oder ⇧ + Einfg	Einfügen des ausgewählten Elements
Strg + Z	Rückgängigmachen einer Aktion

Allgemeine Tastenkombinationen *(Forts.)*	
[Strg]+[Y]	Wiederholen einer Aktion
[Entf] oder [Strg]+[D]	Löschen des ausgewählten Elements und Verschieben in den Papierkorb
[⇧]+[Entf]	Löschen des ausgewählten Elements ohne vorheriges Verschieben in den Papierkorb
[F2]	Umbenennen des ausgewählten Elements
[Strg]+[→]	Verschieben des Cursors an den Anfang des nächsten Wortes
[Strg]+[←]	Verschieben des Cursors an den Anfang des vorherigen Wortes
[Strg]+[↓]	Verschieben des Cursors an den Anfang des nächsten Absatzes
[Strg]+[↑]	Verschieben des Cursors an den Anfang des vorherigen Absatzes
[Strg]+[⇧]+ Pfeiltaste	Markieren eines Textblocks
[⇧]+Pfeiltaste	Auswählen mehrerer Elemente in einem Fenster oder auf dem Desktop
[Strg]+[A]	Markieren aller Elemente in einem Dokument oder Fenster oder auf dem Desktop
[F3]	Suchen nach einer Datei oder einem Ordner
[Alt]+[↵]	Anzeigen der Eigenschaften für das ausgewählte Element
[Alt]+[F4]	Schließen des aktiven Elements und/oder Beenden des aktiven Programms
[Alt]+[Leertaste]	Öffnen des Kontextmenüs für das aktive Fenster

Allgemeine Tastenkombinationen *(Forts.)*	
Strg + F4	Schließen des aktiven Dokuments (in Programmen, in denen mehrere Dokumente gleichzeitig geöffnet sein können)
Alt + ⭾	Wechseln zwischen geöffneten Elementen
Strg + Alt + ⭾	Verwenden der Pfeiltasten zum Umschalten zwischen geöffneten Elementen
Strg +Mausrad	Ändern der Größe von Symbolen auf dem Desktop
Alt + Esc	Umschalten zwischen Elementen in der Reihenfolge, in der sie geöffnet wurden
F6	Umschalten zwischen Bildschirmelementen in einem Fenster oder auf dem Desktop
F4	Einblenden der Adressleistenliste in Windows-Explorer
⇧ + F10	Anzeigen des Kontextmenüs für das ausgewählte Element
Strg + Esc	Öffnen des Startmenüs
Alt +unterstrichener Buchstabe	Anzeigen des entsprechenden Menüs
unterstrichener Buchstabe	Ausführen des entsprechenden Befehls im geöffneten Menü
F10	Aktivieren der Menüleiste im aktiven Fenster
→	Markieren oder Öffnen des nächsten Menüs rechts vom aktuellen Menü oder Öffnen eines Untermenüs

Allgemeine Tastenkombinationen *(Forts.)*	
←	Markieren oder Öffnen des nächsten Menüs links vom aktuellen Menü oder Schließen eines Untermenüs
F5 oder Strg + R	Aktualisieren des aktiven Fensters
Alt + ↑	Anzeigen des Ordners auf der nächsthöheren Ebene im Windows-Explorer
Esc	Abbrechen der aktuellen Task
Strg + ⇧ + Esc	Öffnen des Windows Task-Manager
⇧ beim Einlegen einer CD	Verhindern der automatischen Wiedergabe der CD
Linke Alt + ⇧	Wechseln der Eingabesprache, wenn mehrere Eingabesprachen aktiviert sind
Strg + ⇧	Wechseln des Tastaturlayouts, wenn mehrere Tastaturlayouts aktiviert sind

In Windows-Explorer arbeiten	
Strg + N	Öffnen eines neuen Fensters
Strg + W	Schließen des aktuellen Fensters
Strg + ⇧ + N	Erstellen eines neuen Ordners
Ende	Anzeigen des unteren Bereichs des aktiven Fensters
Pos1	Anzeigen des oberen Bereichs des aktiven Fensters
F11	Maximieren bzw. Minimieren des aktiven Fensters
Strg + .	Drehen eines Bildes im Uhrzeigersinn
Strg + ,	Drehen eines Bildes gegen den Uhrzeigersinn

In Windows-Explorer arbeiten *(Forts.)*	
Num + * auf der Zehnertastatur	Anzeigen aller untergeordneten Ordner unter dem ausgewählten Ordner
Num + + auf der Zehnertastatur	Anzeigen des Inhalts des im Navigationsbereich ausgewählten Ordners
Num + - auf der Zehnertastatur	Reduzieren des im Navigationsbereich ausgewählten Ordners
←	Reduzieren des im Navigationsbereich ausgewählten Ordners (sofern erweitert) oder Auswählen des übergeordneten Ordners
Alt + ↵	Öffnen des Eigenschaftendialogfeldes für das ausgewählte Element
Alt + P	Anzeigen des Vorschaufensters
Alt + ← oder ⟵	Anzeigen des vorherigen Ordners
→	Erweitern des im Navigationsbereich ausgewählten Ordners (sofern reduziert) oder Auswählen des ersten Unterordners
Alt + →	Anzeigen des nächsten Ordners
Alt + ↑	Anzeigen des übergeordneten Ordners
Strg + ⇧ + E	Anzeigen aller Ordner oberhalb des ausgewählten Ordners
Strg +Mausrad drehen	Ändern der Größe und Darstellung von Datei- und Ordnersymbolen
Alt + D	Einblenden bzw. Aktivieren der Menüleiste
Strg + E	Auswählen des Suchfeldes

In der Taskleiste arbeiten	
⇧+Klick auf eine Taskleistenschaltfläche	Öffnen eines Programms oder einer weiteren Instanz eines Programms
Strg+⇧+Klick auf eine Taskleistenschaltfläche	Öffnen eines Programms als Administrator
⇧+Rechtsklick auf eine Taskleistenschaltfläche	Anzeigen des Fenstermenüs für das Programm
⇧+Rechtsklick auf eine gruppierte Taskleistenschaltfläche	Anzeigen des Fenstermenüs für die Gruppe
Strg+Klick auf eine gruppierte Taskleistenschaltfläche	Wechseln zwischen den Fenstern der Gruppe

In Dialogfeldern arbeiten	
Strg+Tab	Vorwärtsbewegen durch die Registerkarten
Strg+⇧+Tab	Rückwärtsbewegen durch die Registerkarten
Tab	Vorwärtsbewegen durch die Optionen
⇧+Tab	Rückwärtsbewegen durch die Optionen
Pfeiltasten	Bewegen durch die Optionen in einer ausgewählten Liste oder zwischen Optionen in einer Optionsgruppe
Leertaste	Ausführen der Aktion, die der ausgewählten Schaltfläche zugewiesen ist; Aktivieren oder Deaktivieren des ausgewählten Kontrollkästchens
Alt+unterstrichener Buchstabe einer Option	Auswählen einer Option; Aktivieren oder Deaktivieren eines Kontrollkästchens; Ausführen der Aktion, die der ausgewählten Schaltfläche zugewiesen ist

In Dialogfeldern arbeiten *(Forts.)*	
Alt + ↓	Öffnen einer ausgewählten Dropdownliste
Erster Buchstabe einer Option in einer Dropdownliste	Auswählen einer Option aus einer Dropdown-liste
Esc	Schließen einer ausgewählten Dropdownliste; Abbrechen eines Befehls; Schließen eines Dialogfeldes
↵	Ausführen der Aktion, die der ausgewählten Schaltfläche zugewiesen ist

In Eingabefeldern navigieren und markieren	
Pos1	Bewegen zum Anfang des Eintrags
Ende	Bewegen zum Ende des Eintrags
← oder →	Bewegen um ein Zeichen nach links bzw. nach rechts
Strg + ←	Bewegen um ein Wort nach links
Strg + →	Bewegen um ein Wort nach rechts
⇧ + ←	Markieren oder Aufheben der Markierung eines Zeichens links vom Cursor
⇧ + →	Markieren oder Aufheben der Markierung eines Zeichens rechts vom Cursor
Strg + ⇧ + ←	Markieren oder Aufheben der Markierung eines Wortes links vom Cursor
Strg + ⇧ + →	Markieren oder Aufheben der Markierung eines Wortes rechts vom Cursor

In Eingabefeldern navigieren und markieren *(Forts.)*

⇧+Pos1	Markieren von der aktuellen Cursorposition bis zum Beginn des Eintrags
⇧+Ende	Markieren von der aktuellen Cursorposition bis zum Ende des Eintrags

Erleichterte Bedienung

Rechte ⇧ acht Sekunden lang drücken	Aktivieren bzw. Deaktivieren der Anschlagverzögerung
Linke Alt+linke ⇧+Druck	Aktivieren bzw. Deaktivieren des hohen Kontrasts
Linke Alt+linke ⇧+Num	Aktivieren bzw. Deaktivieren der Tastaturmaus
⇧ fünfmal drücken	Aktivieren bzw. Deaktivieren der Einrastfunktion
Num fünf Sekunden lang drücken	Aktivieren bzw. Deaktivieren der Umschalttasten
⊞+U	Öffnen des Centers für erleichterte Bedienung

Mit der Bildschirmlupe arbeiten

⊞++ oder ⊞+-	Vergrößern oder Verkleinern
Strg+Alt+Leertaste	Vorschau des Desktops im Vollbildmodus
Strg+Alt+F	Wechseln in den Vollbildmodus
Strg+Alt+L	Wechseln in den Lupenmodus

Mit der Bildschirmlupe arbeiten *(Forts.)*	
Strg+Alt+D	Wechseln in den Andockmodus
Strg+Alt+I	Umkehren der Farben
Strg+Alt+Pfeiltasten	Schwenken in die Richtung der Pfeiltasten
Strg+Alt+R	Ändern der Lupengröße
Windows-Taste+Esc	Beenden der Bildschirmlupe

Im Fenster »Windows-Hilfe und Support« arbeiten	
Alt+C	Anzeige des Inhaltsverzeichnisses
Alt+N	Anzeigen des Menüs zur Schaltfläche *Onlinehilfe*
F10	Anzeigen des Menüs *Optionen*
Alt+←	Zurück zum vorher angezeigten Thema
Alt+→	Vorwärts zum nächsten – zuvor angezeigten – Thema
Alt+M	Anzeigen der Kundensupportseite
Alt+Pos1	Anzeigen der Startseite
Pos1	Wechseln zum Anfang eines Themas
Ende	Wechseln zum Ende eines Themas
Strg+F	Suchen im aktuellen Thema
Strg+P	Drucken eines Themas
F3	Verschieben des Cursors in das Suchfeld

Mit Programmen arbeiten

Programme vom Desktop aus öffnen

Sie können Programme über eine von Ihnen festgelegte Taste in Kombination mit [Strg]+[Alt] starten.

- Erstellen Sie zunächst eine Verknüpfung für das Programm, dem Sie eine Tastenkombination zuweisen möchten (*Senden an/Desktop (Verknüpfung erstellen)* im Kontextmenü zum Programmnamen wählen).
- Klicken Sie mit der rechten Maustaste auf das Verknüpfungssymbol und anschließend auf *Eigenschaften*.
- Klicken Sie auf der Registerkarte *Verknüpfung* in das Feld *Tastenkombination*, drücken Sie die Taste, die Sie in Kombination mit [Strg]+[Alt] verwenden möchten, und klicken Sie abschließend auf *OK*.

Eine Tastenkombination zum Starten eines Programms festlegen

Die Tasten [Esc], [⇆], [Druck], [↵], [Leertaste], [⇧] oder [←] können nicht verwendet werden, um eine Tastenkombination mit [Strg]+[Alt] zu erstellen.

Mit Programmfenstern arbeiten

[Alt]+[⇆], [⇆]	Wechseln zum nächsten Fenster
[Alt]+[⇧]+[⇆]	Wechseln zum vorherigen Fenster
[Strg]+[W] oder [Strg]+[F4] oder [Alt]+[F4]	Schließen des aktiven Fensters
[Alt]+[F5]	Wiederherstellen der Größe des aktiven Fensters, nachdem es maximiert wurde
[F6]	Wechseln von einem Bereich im Programmfenster zu einem anderen (im Uhrzeigersinn)
[⇧]+[F6]	Wechseln von einem Bereich im Programmfenster zu einem anderen (gegen den Uhrzeigersinn)
[Strg]+[F6]	Wechseln zum nächsten Fenster, wenn mehr als ein Fenster geöffnet ist
[Strg]+[⇧]+[F6]	Wechseln zum vorherigen Fenster
[Strg]+[F10]	Maximieren oder Wiederherstellen eines ausgewählten Fensters
[Druck]	Kopieren einer Bildschirmabbildung in die Zwischenablage
[Alt]+[Druck]	Kopieren des ausgewählten Fensters in die Zwischenablage

Auf das Menüband zugreifen

Programme mit einem Menüband – wie Paint, WordPad und die Office-Programme – verfügen über neue Tastenkombinationen, sogenannte Zugriffstasten, mit denen Sie auf die Elemente im Menüband via Tastatur zugreifen können.

- Drücken Sie die Alt, um die Zugriffstasteninfos anzuzeigen.

Die Zugriffstasteninfos auf der ersten Ebene einblenden

- Drücken Sie den Buchstaben, der in der Zugriffstasteninfo für das Feature angezeigt wird, das Sie verwenden möchten. Je nach dem Buchstaben, den Sie drücken, werden meist zusätzliche Zugriffstasteninfos angezeigt.

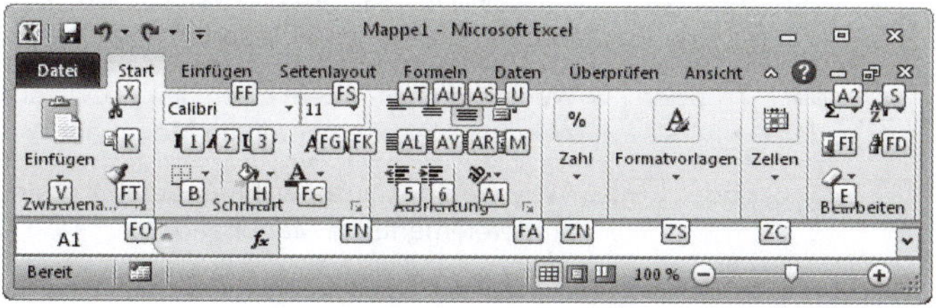

Die Zugriffstasteninfos auf der zweiten Ebene einblenden

- Arbeiten Sie sich durch die Zugriffstasten, bis Sie den Buchstaben des Befehls oder Steuerelements drücken, den bzw. das Sie verwenden möchten. In manchen Fällen müssen Sie zuerst den Buchstaben der Gruppe drücken, die den Befehl enthält.
- Drücken Sie [Alt], um die Aktion abzubrechen und die Zugriffstasteninfos auszublenden.

Den Tastaturfokus im Menüband ändern	
[Alt] oder [F10]	Auswählen der aktiven Registerkarte im Menüband und Aktivieren der Zugriffstasteninfos
[F10], [←] oder [F10], [→]	Wechseln zu einer anderen Registerkarte im Menüband
[Strg]+[F1]	Reduzieren oder Erweitern des Menübands
[⇧]+[F10]	Anzeigen des Kontextmenüs für das ausgewählte Element
[F6]	Wechseln des Fokus zwischen verschiedenen Bereichen des Fensters
[⇥] oder [⇧]+[⇥]	Verschieben des Fokus vorwärts bzw. rückwärts zu den Befehlen und Optionen im Menüband
[↓] oder [↑] oder [←] oder [→]	Wechseln nach unten, oben, links bzw. rechts zwischen den Elementen im Menüband
[Leertaste] oder [↵]	Aktivieren des ausgewählten Befehls oder Steuerelements im Menüband
[Leertaste] oder [↵]	Öffnen des ausgewählten Dropdownmenüs oder Katalogs im Menüband
[↵]	Aktivieren eines Befehls oder Steuerelements im Menüband zum Ändern eines Wertes

Den Tastaturfokus im Menüband ändern *(Forts.)*	
↵	Beenden der Änderung eines Wertes in einem Steuerelement im Menüband und Verschieben des Fokus zurück zum Dokument
F1	Anzeigen der Hilfe für den ausgewählten Befehl oder das ausgewählte Steuerelement im Menüband

Paint

Tastenkürzel für Paint	
Strg + N	Erstellen eines neuen Bildes
Strg + O	Öffnen eines vorhandenen Bildes
Strg + S	Speichern von Änderungen am Bild
F12	Speichern des Bildes als neue Datei
Strg + P	Drucken des Bildes
Alt + F4	Schließen des Bildes und des zugehörigen Paint-Fensters
Strg + Z	Rückgängigmachen einer Änderung
Strg + Y	Wiederholen einer Änderung
Strg + A	Auswählen des gesamten Bildes
Strg + X	Ausschneiden der Auswahl
Strg + C	Kopieren der Auswahl in die Zwischenablage
Strg + V	Einfügen des Inhalts der Zwischenablage
→	Verschieben der Auswahl oder der aktiven Form um ein Pixel nach rechts

Tastenkürzel für Paint *(Forts.)*	
←	Verschieben der Auswahl oder der aktiven Form um ein Pixel nach links
↓	Verschieben der Auswahl oder der aktiven Form um ein Pixel nach unten
↑	Verschieben der Auswahl oder der aktiven Form um ein Pixel nach oben
Esc	Aufheben der Auswahl
Entf	Löschen der Auswahl
Strg + B	Anwenden von Fettformatierung auf den ausgewählten Text
Strg + +	Vergrößern der Stärke eines Pinsels, einer Linie oder eines Formenumrisses um ein Pixel
Strg + -	Reduzieren der Stärke eines Pinsels, einer Linie oder eines Formenumrisses um ein Pixel
Strg + I	Anwenden von Kursivformatierung auf den ausgewählten Text
Strg + U	Unterstreichen des ausgewählten Texts
Strg + E	Öffnen des Dialogfeldes *Eigenschaften*
Strg + W	Öffnen des Dialogfeldes *Größe ändern/Zerren*
Strg + Bild ↑	Vergrößern der Darstellung
Strg + Bild ↓	Verkleinern der Darstellung
F11	Anzeigen eines Bildes im Vollbildmodus
Strg + R	Ein- bzw. Ausblenden des Lineals
Strg + G	Ein- bzw. Ausblenden von Gitternetzlinien

Tastenkürzel für Paint (Forts.)	
[F10] oder [Alt]	Anzeigen der Zugriffstasteninfos im Menüband
[⇧]+[F10]	Anzeigen des aktuellen Kontextmenüs
[F1]	Öffnen der Hilfe zu Paint

WordPad

Tastenkürzel für WordPad	
[Strg]+[N]	Erstellen eines neuen Dokuments
[Strg]+[O]	Öffnen eines vorhandenen Dokuments
[Strg]+[S]	Speichern von Änderungen am Dokument
[F12]	Speichern des Dokuments als neue Datei
[Strg]+[P]	Drucken des Dokuments
[Alt]+[F4]	Schließen von WordPad
[Strg]+[Z]	Rückgängigmachen einer Änderung
[Strg]+[Y]	Wiederholen einer Änderung
[Strg]+[A]	Auswählen des ganzen Dokuments
[Strg]+[X]	Ausschneiden der Auswahl
[Strg]+[C]	Kopieren der Auswahl in die Zwischenablage
[Strg]+[V]	Einfügen des Inhalts der Zwischenablage
[Strg]+[B]	Anwenden von Fettformatierung auf den ausgewählten Text
[Strg]+[I]	Anwenden von Kursivformatierung auf den ausgewählten Text

Tastenkürzel für WordPad *(Forts.)*	
Strg + U	Unterstreichen des ausgewählten Texts
Strg + +	Tiefstellen des ausgewählten Texts
Strg + ⇧ + +	Hochstellen des ausgewählten Texts
Strg + L	Linksbündiges Ausrichten von Text
Strg + E	Zentrieren von Text
Strg + R	Rechtsbündiges Ausrichten von Text
Strg + J	Ausrichten von Text im Blocksatz
Strg + 1	Festlegen des Zeilenabstands auf eine Zeile
Strg + 2	Festlegen des Zeilenabstands auf zwei Zeilen
Strg + 5	Festlegen des Zeilenabstands auf 1,5 Zeilen
Strg + ⇧ + A	Ändern der Zeichen zu Großschreibung
Strg + ⇧ + L	Ändern der Aufzählungszeichen
Strg + D	Einfügen einer Paint-Zeichnung
Strg + F	Suchen von Text im Dokument
F3	Suchen der nächsten Instanz des im Suchdialogfeld angegebenen Texts
Strg + H	Ersetzen von Text in einem Dokument
Strg + ←	Bewegen des Cursors um ein Wort nach links
Strg + →	Bewegen des Cursors um ein Wort nach rechts
Strg + ↑	Bewegen des Cursors in die Zeile darüber
Strg + ↓	Bewegen des Cursors in die Zeile darunter
Strg + Pos1	Wechseln zum Dokumentanfang

Tastenkürzel für WordPad *(Forts.)*	
Strg + Ende	Wechseln zum Dokumentende
Strg + Bild ↑	Wechseln um eine Seite nach oben
Strg + Bild ↓	Wechseln um eine Seite nach unten
Strg + Entf	Löschen des nächsten Wortes
F10	Anzeigen der Zugriffstasteninfos im Menüband
⇧ + F10	Anzeigen des Kontextmenüs zum ausgewählten Element
F1	Öffnen der Hilfe zu WordPad

Rechner

Allgemein	
Alt + 1	Umschalten in den Standardmodus
Alt + 2	Umschalten in den wissenschaftlichen Modus
Alt + 3	Umschalten in den Programmierermodus
Alt + 4	Umschalten in den Statistikmodus
Strg + E	Öffnen der Datumsberechnung
Strg + H	Ein- oder Ausblenden des Berechnungsverlaufs
Strg + U	Öffnen der Einheitenumrechnung
Alt + C	Berechnen oder Lösen von Datumsberechnungen und Arbeitsblättern
Strg + 4	Umschalten in den Basismodus
F1	Öffnen der Hilfe zum Rechner

Allgemein *(Forts.)*	
[Strg]+[Q]	Verwenden der Taste *M-*
[Strg]+[P]	Verwenden der Taste *M+*
[Strg]+[M]	Verwenden der Taste *MS*
[Strg]+[R]	Verwenden der Taste *MR*
[Strg]+[L]	Verwenden der Taste *MC*
[%]	Verwenden der Taste *%*
[F9]	Verwenden der Taste *+/-*
[/]	Verwenden der Taste */*
[*]	Verwenden der Taste *
[+]	Verwenden der Taste +
[-]	Verwenden der Taste -
[R]	Verwenden der Taste *1/x*
[@]	Verwenden der Wurzeltaste
[0] bis [9]	Verwenden der Zahlentasten (*0* bis *9*)
[=]	Verwenden der Taste =
[.]	Verwenden der Taste ,
[←]	Verwenden der Taste für die Rücktaste
[Esc]	Verwenden der Taste *C*
[Entf]	Verwenden der Taste *CE*
[Strg]+[⇧]+[D]	Löschen des Berechnungsverlaufs
[F2]	Bearbeiten des Berechnungsverlaufs
[↑]	Navigation nach oben im Berechnungsverlauf

Allgemein *(Forts.)*	
↓	Navigation nach unten im Berechnungsverlauf
Esc	Abbrechen der Bearbeitung des Berechnungsverlaufs
↵	Neuberechnen des Berechnungsverlaufs nach der Bearbeitung

Wissenschaftlicher Modus	
F3	Auswählen der Option *Deg*
F4	Auswählen der Option *Rad*
F5	Auswählen der Option *Grad*
I	Verwenden der Taste *Inv*
D	Verwenden der Taste *Mod*
Strg + S	Verwenden der Taste *sinh*
Strg + O	Verwenden der Taste *cosh*
Strg + T	Verwenden der Taste *tanh*
(	Verwenden der Taste *(*
)	Verwenden der Taste *)*
N	Verwenden der Taste *ln*
;	Verwenden der Taste *Int*
S	Verwenden der Taste *sin*
O	Verwenden der Taste *cos*
T	Verwenden der Taste *tan*
M	Verwenden der Taste *dms*

Wissenschaftlicher Modus (Forts.)	
P	Verwenden der *Pi*-Taste
V	Verwenden der Taste *F-E*
X	Verwenden der Taste *Exp*
Q	Verwenden der Taste x^2
Y	Verwenden der Taste x^y
#	Verwenden der Taste x^3
L	Verwenden der Taste *log*
!	Verwenden der Taste *n!*
Strg + Y	Verwenden der Taste $\sqrt[y]{x}$
Strg + B	Verwenden der Taste $\sqrt[3]{x}$
Strg + G	Verwenden der Taste 10^x

Programmierermodus	
F5	Auswählen der Option *Hex*
F6	Auswählen der Option *Dez*
F7	Auswählen der Option *Okt*
F8	Auswählen der Option *Bin*
F12	Auswählen der Option *Qword*
F2	Auswählen der Option *Dword*
F3	Auswählen der Option *Word*
F4	Auswählen der Option *Byte*
K	Verwenden der Taste *RoR*

Programmierermodus *(Forts.)*	
J	Verwenden der Taste *RoL*
<	Verwenden der Taste *Lsh*
>	Verwenden der Taste *Rsh*
%	Verwenden der Taste *Mod*
(	Verwenden der Taste *(*
)	Verwenden der Taste *)*
|	Verwenden der Taste *Or*
^	Verwenden der Taste *Xor*
~	Verwenden der Taste *Not*
&	Verwenden der Taste *And*
A bis F	Verwenden der Tasten *A* bis *F*
Leertaste	Umschalten des Bitwertes

Statistikmodus	
A	Verwenden der Taste für den Mittelwert
Strg + A	Verwenden der Taste für den Mittelwert der Quadrate
S	Verwenden der Taste für die Summe
Strg + S	Verwenden der Taste für die Summe der Quadrate
T	Verwenden der Taste für die Standardabweichung
Strg + T	Verwenden der Taste für die Standardabweichung der Auffüllung
D	Verwenden der Taste *CAD*

Media Center

Audiofunktionen steuern	
F8	Stummschalten oder Aufheben der Stummschaltung
F9	Verringerung der Lautstärke
F10	Erhöhen der Lautstärke
Strg + M	Wechseln zur Seite *Musikbibliothek*
Strg + ⇧ + P	Wiedergeben von Musiktiteln
Strg + ⇧ + S	Beenden der Wiedergabe eines Musiktitels
Strg + P	Anhalten bzw. Fortsetzen der Wiedergabe eines Musiktitels
Strg + B	Wechseln zum Anfang des aktuellen Musiktitels
Strg + F	Wechseln zum nächsten Musiktitel
Strg + ⇧ + F	Schneller Vorlauf
Strg + R	Kopieren einer CD
Strg + D	Anzeigen eines Kontextmenüs

TV-Sendungen ansehen und aufzeichnen	
Strg + O	Wechseln zu aufgezeichneten TV-Programmen
Strg + G	Wechseln zu TV-Programm
Strg + T	Wechseln zu live ausgestrahlten TV-Programmen
Strg + ⇧ + Z	Ändern des Bildschirmseitenverhältnisses (Zoom)
Strg + R	Aufzeichnen einer TV-Sendung
Strg + P	Anhalten bzw. Fortsetzen einer live ausgestrahlten oder einer aufgezeichneten TV-Sendung

TV-Sendungen ansehen und aufzeichnen *(Forts.)*	
Strg + ⇧ + S	Stoppen der Aufzeichnung oder der Wiedergabe einer TV-Sendung
Strg + ⇧ + P	Fortsetzen der Wiedergabe einer TV-Sendung
Strg + ⇧ + B	Rücklauf für live ausgestrahlte oder aufgezeichnete TV-Sendungen
Strg + ⇧ + F	Schneller Vorlauf für live ausgestrahlte oder aufgezeichnete TV-Sendungen
Strg + B	Rückwärts springen
Strg + F	Vorwärts springen
Strg + D	Anzeigen des Kontextmenüs
Bild ↑	Wechseln zum nächsten Kanal
Bild ↓	Wechseln zum vorherigen Kanal

Bilder anzeigen	
Strg + I	Wechseln zu Bildern
↵	Vergrößern des Bildes
Strg + ⇧ + P	Wiedergeben einer Diashow
Strg + ⇧ + S	Beenden der Diashow
Strg + P	Anhalten bzw. Fortsetzen der Diashow
↑ oder ←	Zurück zum vorigen Bild
↓ oder →	Vorwärts zum nächsten Bild
Strg + D	Anzeigen des Kontextmenüs

Videos wiedergeben

Strg + E	Wechseln zu Videos
Strg + ⇧ + P	Wiedergeben eines Videos
Strg + P	Anhalten bzw. Fortsetzen des Videos
Strg + ⇧ + S	Beenden der Wiedergabe des Videos
Strg + ⇧ + B	Zurückspulen des Videos
Strg + ⇧ + F	Schneller Vorlauf
Strg + B	Rückwärts springen
Strg + F	Vorwärts springen
Strg + ⇧ + Z	Ändern des Bildschirmseitenverhältnisses (Zoom)

DVDs wiedergeben

Strg + ⇧ + M	Wechseln zum DVD-Menü
Strg + ⇧ + P	Wiedergeben der DVD
Strg + P	Anhalten bzw. Fortsetzen der DVD
Strg + ⇧ + S	Beenden der Wiedergabe der DVD
Strg + ⇧ + B	Rücklauf
Strg + ⇧ + F	Schneller Vorlauf
Strg + B	Wechseln zum vorigen Kapitel
Strg + F	Wechseln zum nächsten Kapitel
Strg + ⇧ + Z	Ändern des Bildschirmseitenverhältnisses (Zoom)
Strg + ⇧ + A	Ändern der DVD-Audioauswahl

Windows Media Player

Tastenkürzel für den Windows Media Player	
[Alt]+[1]	Videodarstellungsgröße *50 %*
[Alt]+[2]	Videodarstellungsgröße *100 %*
[Alt]+[3]	Videodarstellungsgröße *200 %*
[Alt]+[↵]	Ein- bzw. Ausschalten des Vollbildmodus für Video
[Alt]+[←]	Schrittweise zurück durch die letzten Ansichten im Player
[Alt]+[→]	Schrittweise vorwärts durch die letzten Ansichten im Player
[Strg]+[1]	Wechseln zur Ansicht *Bibliothek*
[Strg]+[2]	Wechseln zur Ansicht *Design*
[Strg]+[3]	Wechseln zur Ansicht *Aktuelle Wiedergabe*
[Strg]+[7]	Hinzufügen zur Wiedergabeliste
[Strg]+[8]	Hinzufügen zur Brennliste
[Strg]+[9]	Hinzufügen zur Synchronisierungsliste
[Strg]+[A]	Auswählen aller Elemente im Listenbereich
[Strg]+[B]	Vorheriges Element in der Liste oder Kapitel
[Strg]+[E]	Bewegen des Cursors in das Suchfeld in der Player-Bibliothek
[Strg]+[F]	Nächstes Element in Liste oder Kapitel
[Strg]+[H]	Ein- bzw. Ausschalten der zufälligen Wiedergabe
[Strg]+[J]	Auswerfen der CD oder DVD

Tastenkürzel für den Windows Media Player *(Forts.)*	
Strg + M	Ein- bzw. Ausblenden der Menüleiste in der Player-Bibliothek
Strg + N	Erstellen einer neuen Wiedergabeliste
Strg + O	Öffnen einer Mediendatei
Strg + P	Starten bzw. Anhalten der Wiedergabe
Strg + S	Beenden der Wiedergabe
Strg + T	Aktivieren oder Deaktivieren der Wiederholung
Strg + U	Angeben einer URL oder eines Pfades zu einer Mediendatei
Strg + W	Schließen oder Beenden der Wiedergabe einer Mediendatei
Strg + ←	Vorherige Wiedergabeliste
Strg + →	Nächste Wiedergabeliste
Strg + ⇧ + B	Zum Anfang des Videos
Strg + ⇧ + C	Ein- bzw. Ausschalten von Untertiteln
Strg + ⇧ + F	Schneller Vorlauf in Mediendateien
Strg + ⇧ + G	Wiedergeben mit schneller Geschwindigkeit
Strg + ⇧ + N	Wiedergeben mit Normalgeschwindigkeit
Strg + ⇧ + S	Wiedergeben mit langsamer Geschwindigkeit
F1	Anzeigen der Hilfe zu Windows Media Player
F2	Bearbeiten von Medieninformationen des in der Player-Bibliothek ausgewählten Elements
F4	Wechseln der Ansicht von Elementen im Detailbereich

Tastenkürzel für den Windows Media Player *(Forts.)*	
F6	Vergrößern der Albumcover
⇧+F6	Verkleinern der Albumcover
F7	Stummschalten der Lautstärke
F8	Verringern der Lautstärke
F9	Erhöhen der Lautstärke
F10	Einblenden der Menüleiste in der Player-Bibliothek
⇧+F10	Anzeigen des Kontextmenüs zum ausgewählten Element

Grundlagen zu Microsoft Office

Zum Öffnen von Programmen vom Desktop aus siehe *Seite 19*.

Zum grundlegenden Arbeiten mit Programmfenstern siehe *Seite 20*.

Zum grundlegenden Arbeiten mit dem Menüband siehe *Seite 21 f.*

Zum grundlegenden Arbeiten mit Dialogfeldern siehe *Seite 15*.

Erstellen, Öffnen und Speichern	
Strg+N	Erstellen eines neuen Dokuments
Strg+F12 oder Strg+O	Anzeigen des Dialogfeldes *Öffnen*
F12	Anzeigen des Dialogfeldes *Speichern unter*
Strg+S	Speichern des Dokuments
Strg+W	Schließen des Dokuments

Rückgängigmachen und Wiederholen

Esc	Abbrechen der Aktion
Strg + Z	Rückgängigmachen der Aktion
Strg + Y	Wiederherstellen oder Wiederholen der Aktion

Suchen und Ersetzen

Strg + F	Öffnen des Dialogfeldes *Suchen* bzw. des Navigationsbereichs
Strg + H	Öffnen des Dialogfeldes *Suchen und Ersetzen*
⇧ + F4	Wiederholen der letzten Aktion *Suchen*

Makros und Visual Basic

Alt + F8	Anzeigen des Dialogfeldes *Makros*
Alt + F11	Anzeigen des Visual Basic-Editors

Im Hilfefenster arbeiten

F1	Öffnen des Hilfefensters
Alt + F4	Schließen des Hilfefensters
⇆	Auswählen des nächsten Elements im Hilfefenster
⇧ + ⇆	Auswählen des vorherigen Elements im Hilfefenster
↵	Ausführen der Aktion für das ausgewählte Element
Alt + ← oder ⟵	Zurück zum vorherigen Hilfethema (Schaltfläche *Zurück*)
Alt + →	Blättern zum nächsten Hilfethema (Schaltfläche *Weiter*)

Im Hilfefenster arbeiten *(Forts.)*	
[↑], [↓]	Bildlauf innerhalb des aktuell angezeigten Hilfethemas in kleinen Schritten nach oben bzw. nach unten
[Bild ↑], [Bild ↓]	Bildlauf innerhalb des aktuell angezeigten Hilfethemas bildschirmweise nach oben bzw. nach unten
[⇧]+[F10]	Anzeigen des Kontextmenüs mit Befehlen für das Hilfefenster
[Esc]	Anhalten der letzten Aktion
[F5]	Aktualisieren des Fensterinhalts
[Strg]+[P]	Drucken des aktuellen Hilfethemas
[F6]	Wechseln zwischen verschiedenen Bereichen bzw. Steuerelementen im Hilfefenster
[↑], [↓]	Im Inhaltsverzeichnis in der Baumansicht Auswahl des nächsten oder vorherigen Elements
[←], [→]	Im Inhaltsverzeichnis in der Baumansicht Erweitern oder Reduzieren des ausgewählten Elements

Word 2010

Zu den programmübergreifenden Tastenkombinationen in den Microsoft Office-Anwendungen siehe *Seite 37 ff.*

Navigieren und Markieren

Den Cursor steuern	
←	Ein Zeichen nach links
→	Ein Zeichen nach rechts
Strg + ←	Ein Wort nach links
Strg + →	Ein Wort nach rechts
Strg + ↑	Einen Absatz nach oben
Strg + ↓	Einen Absatz nach unten
↑	Eine Zeile nach oben
↓	Eine Zeile nach unten
Ende	An das Zeilenende

Den Cursor steuern *(Forts.)*

Pos1	An den Zeilenanfang
Alt + Strg + Bild ↑	An den oberen Rand des Fensters
Alt + Strg + Bild ↓	An den unteren Rand des Fensters
Bild ↑	Eine Bildschirmseite nach oben
Bild ↓	Eine Bildschirmseite nach unten
Strg + Bild ↓	An den Anfang der nächsten Seite
Strg + Bild ↑	An den Anfang der vorherigen Seite
Strg + Ende	An das Ende des Dokuments
Strg + Pos1	An den Anfang des Dokuments
⇧ + F5	Zur letzten Bearbeitungsstelle
⇧ + F5	Nach dem Öffnen des Dokuments zu der zuletzt bearbeiteten Stelle

Markieren und Markierung erweitern

F8	Aktivieren des Erweiterungsmodus
F8 und dann ← oder →	Markieren des nächsten Zeichens
F8	Vergrößern der Auswahl; einmal F8 zum Markieren des Wortes, zweimal zum Markieren des Satzes usw.
⇧ + F8	Verkleinern der Auswahl
Esc	Deaktivieren des Erweiterungsmodus
⇧ + →	Erweitern der Auswahl um ein Zeichen nach rechts

Markieren und Markierung erweitern *(Forts.)*	
⇧+←	Erweitern der Auswahl um ein Zeichen nach links
Strg+⇧+→	Erweitern der Auswahl bis zum Ende eines Wortes
Strg+⇧+←	Erweitern der Auswahl bis zum Anfang eines Wortes
⇧+Ende	Erweitern der Auswahl bis zum Ende einer Zeile
⇧+Pos1	Erweitern der Auswahl bis zum Anfang einer Zeile
⇧+↓	Erweitern der Auswahl um eine Zeile nach unten
⇧+↑	Erweitern der Auswahl um eine Zeile nach oben
Strg+⇧+↓	Erweitern der Auswahl bis zum Ende eines Absatzes
Strg+⇧+↑	Erweitern der Auswahl bis zum Anfang eines Absatzes
⇧+Bild↓	Erweitern der Auswahl um eine Bildschirmseite nach unten
⇧+Bild↑	Erweitern der Auswahl um eine Bildschirmseite nach oben
Strg+⇧+Pos1	Erweitern der Auswahl bis zum Anfang eines Dokuments
Strg+⇧+Ende	Erweitern der Auswahl bis zum Ende eines Dokuments
Alt+Strg+⇧+Bild↓	Erweitern der Auswahl bis zum Ende eines Fensters
Strg+A	Erweitern der Auswahl auf das gesamte Dokument

In Tabellen markieren	
[⭾]	Markieren des Inhalts der nächsten Zelle
[⇧]+[⭾]	Markieren des Inhalts der vorherigen Zelle
[⇧]+Pfeiltaste	Erweitern der Markierung auf angrenzende Zellen
[⇧]+[Alt]+[Bild↓] oder [⇧]+[Alt]+[Bild↑]	Markieren einer Spalte
[Strg]+[⇧]+[F8], Pfeiltasten	Erweitern der Markierung (oder des Blocks)
[Alt]+[5] auf der Zehnertastatur bei deaktivierter [Num]-Taste	Markieren der gesamten Tabelle
[Alt]+[⇧]+[↑]	Markieren der Zeile darüber
[Alt]+[⇧]+[↓]	Markieren der Zeile darunter

In Tabellen navigieren	
[⭾]	Zur nächsten Zelle in der Zeile
[⇧]+[⭾]	Zur vorherigen Zelle in der Zeile
[Alt]+[Pos1]	Zur ersten Zelle in der Zeile
[Alt]+[Ende]	Zur letzten Zelle in der Zeile
[Alt]+[Bild↑]	Zur ersten Zelle in der Spalte
[Alt]+[Bild↓]	Zur letzten Zelle in der Spalte
[↑]	Zur vorherigen Zeile
[↓]	Zur nächsten Zeile

Einfügen

Sonderzeichen	
Strg + F9	Feld
⇧ + ↵	Zeilenumbruch
Strg + ↵	Seitenumbruch
Strg + ⇧ + ↵	Spaltenumbruch
Alt + Strg + - (auf der Zehnertastatur)	Geviertstrich
Strg + - (auf der Zehnertastatur)	Gedankenstrich
Strg + -	Bedingter Bindestrich
Strg + ⇧ + -	Geschützter Trennstrich
Strg + ⇧ + Leertaste	Geschütztes Leerzeichen
Alt + Strg + C	Copyright-Symbol
Alt + Strg + R	Symbol für eingetragene Marke
Alt + Strg + T	Trademark, Warenzeichen
Alt + Strg + .	Auslassungspunkte

Absätze und Tabstoppzeichen in Tabellen	
↵	Einfügen eines neuen Absatzes in einer Zelle
Strg + ⭾	Einfügen eines Tabstoppzeichens in einer Zelle
⭾	Am Ende der Einfügen einer neuen Zeile
Strg + ⇧ + ↵	Teilen der Tabelle

Kopieren, Verschieben und Löschen

Text und Grafiken kopieren und verschieben	
Strg + C	Kopieren des ausgewählten Texts oder der ausgewählten Grafik in die Office-Zwischenablage
Strg + X	Ausschneiden des ausgewählten Texts oder der ausgewählten Grafik und Einfügen in die Office-Zwischenablage
Strg + V	Einfügen des letzten Eintrags oder eingefügten Elements aus der Office-Zwischenablage
F2, danach Verschieben des Cursors und Drücken von ↵	Einmaliges Verschieben von ausgewähltem Text oder ausgewählter Grafik
⇧ + F2, danach Verschieben des Cursors und Drücken von ↵	Einmaliges Kopieren von Text oder Grafiken
Alt + F3	Öffnen des Dialogfeldes *Neuen Baustein erstellen*, wenn Text oder ein Objekt ausgewählt ist
⇧ + F10	Anzeigen des mit dem ausgewählten Baustein verknüpften Kontextmenüs
Strg + F3	Ausschneiden in die Sammlung (unter Umgehung der Zwischenablage)
Strg + ⇧ + F3	Einfügen des Inhalts der Sammlung
Alt + ⇧ + R	Kopieren der Kopf- oder Fußzeile aus dem vorherigen Abschnitt des Dokuments

Text und Grafiken löschen	
←	Löschen des Zeichens der Grafik links vom Cursor
Strg + ←	Löschen des Wortes links vom Cursor
Entf	Löschen des Zeichens der Grafik rechts vom Cursor
Strg + Entf	Löschen des Wortes rechts vom Cursor
Strg + X	Verschieben des markierten Texts oder der Grafik in die Office-Zwischenablage
Strg + Z	Rückgängigmachen der letzten Aktion
Strg + F3	Ausschneiden in die Sammlung (unter Umgehung der Zwischenablage)

Zeichen und Absätze formatieren

Schriftart oder Schriftgrad ändern	
Strg + ⇧ + A	Öffnen des Dialogfeldes *Schriftart*
Strg + >	Vergrößern des Schriftgrads stufenweise
Strg + <	Verkleinern des Schriftgrads stufenweise
Strg + 9	Vergrößern des Schriftgrads um 1 Punkt
Strg + 8	Verkleinern des Schriftgrads um 1 Punkt

Zeichenformate zuweisen	
Strg + D	Öffnen des Dialogfeldes *Schriftart*
⇧ + F3	Ändern der Groß-/Kleinschreibung der Buchstaben
Strg + ⇧ + G	Formatieren der Buchstaben als Großbuchstaben
Strg + ⇧ + F	Zuweisen der Formatierung *Fett*

Zeichenformate zuweisen *(Forts.)*

Strg + ⇧ + U	Unterstreichen von Text
Strg + ⇧ + W	Unterstreichen nur von Wörtern (keine Leerzeichen)
Strg + ⇧ + D	Doppeltes Unterstreichen von Text
Strg + ⇧ + H	Zuweisen der Formatierung *Ausgeblendet*
Strg + ⇧ + K	Zuweisen der Formatierung *Kursiv*
Strg + ⇧ + Q	Formatieren von Buchstaben als Kapitälchen
Strg + #	Zuweisen der Formatierung *Tiefgestellt*
Strg + +	Zuweisen der Formatierung *Hochgestellt*
Strg + Leertaste	Entfernen manueller Zeichenformatierungen
Strg + ⇧ + B	Ändern der Markierung in Symbolschriftart

Formatierung kopieren

Strg + ⇧ + C	Kopieren der Formatierung von Text
Strg + ⇧ + V	Zuweisen der kopierten Formatierung zu Text

Absätze ausrichten

Strg + E	Umschalten eines Absatzes zwischen zentriert und linksbündig
Strg + B	Umschalten eines Absatzes zwischen Blocksatz und linksbündig
Strg + R	Umschalten eines Absatzes zwischen rechtsbündig und linksbündig
Strg + L	Linksbündiges Ausrichten eines Absatzes

Absätze ausrichten *(Forts.)*	
Strg + M	Einziehen eines Absatzes von links
Strg + ⇧ + M	Entfernen eines linken Absatzeinzugs
Strg + T	Erstellen eines hängenden Einzugs
Strg + ⇧ + T	Verkleinern eines hängenden Einzugs
Strg + Q	Entfernen der Absatzformatierung

Zeilenabstand festlegen	
Strg + 1	Einfacher Zeilenabstand
Strg + 2	Doppelter Zeilenabstand
Strg + 5	1,5-facher Zeilenabstand
Strg + 0 (Null)	Hinzufügen oder Entfernen eines Zeilenabstands vor einem Absatz

Absatzformatvorlagen zuweisen	
Strg + ⇧ + S	Öffnen des Aufgabenbereichs *Formatvorlage übernehmen*
Alt + Strg + ⇧ + S	Öffnen des Aufgabenbereichs *Formatvorlagen*
Strg + J	Starten von *AutoFormat*
Strg + ⇧ + N	Zuweisen der Formatvorlage *Standard*
Alt + 1	Zuweisen der Formatvorlage *Überschrift 1*
Alt + 2	Zuweisen der Formatvorlage *Überschrift 2*
Alt + 3	Zuweisen der Formatvorlage *Überschrift 3*

Weitere Bearbeitung

Suchen, Ersetzen	
[Strg]+[F]	Öffnen des Navigationsbereichs (zum Suchen im Dokument)
[Alt]+[Strg]+[Y]	Wiederholen des Suchvorgangs (nach dem Schließen des Navigationsbereichs bzw. des Fensters *Suchen und Ersetzen*)
[Strg]+[H]	Ersetzen von Text, Formatierung und Sonderzeichen
[Strg]+[G]	Wechseln zu einer Seite, Textmarke, Fußnote, Tabelle, einem Kommentar, einer Grafik oder einer anderen Stelle im Dokument
[Alt]+[Strg]+[Z]	Wechseln zwischen den letzten vier bearbeiteten Stellen
[Alt]+[Strg]+[Pos1]	Öffnen der Liste mit Navigationsoptionen
[Strg]+[Bild ↑]	Wechseln zum vorherigen Browseobjekt (in den Browseoptionen festgelegt)
[Strg]+[Bild ↓]	Wechseln zum nächsten Browseobjekt (in den Browseoptionen festgelegt)

Ansicht wechseln	
[Alt]+[Strg]+[L]	Aktivieren der Seitenlayoutansicht
[Alt]+[Strg]+[G]	Aktivieren der Gliederungsansicht
[Alt]+[Strg]+[N]	Aktivieren der Entwurfsansicht

In der Gliederungsansicht arbeiten

Alt + ⇧ + ←	Höherstufen des Absatzes
Alt + ⇧ + →	Tieferstufen des Absatzes
Strg + ⇧ + N	Tieferstufen zum Textkörper
Alt + ⇧ + ↑	Bewegen der ausgewählten Absätze nach oben
Alt + ⇧ + ↓	Bewegen der ausgewählten Absätze nach unten
Alt + +	Einblenden von Text unter der Überschrift
Alt + ⇧ + -	Ausblenden von Text unter der Überschrift
Alt + ⇧ + A	Ein- bzw. Ausblenden des gesamten Texts oder aller Überschriften
/ auf der Zehnertastatur	Ausblenden oder Anzeigen der Zeichenformatierung
Alt + ⇧ + L	Anzeigen der ersten Zeile des Textkörpers oder des gesamten Textkörpers
Alt + ⇧ + 1	Anzeigen aller Überschriften mit der Formatvorlage Überschrift 1
Alt + ⇧ + n	Anzeigen aller Überschriften bis zu Überschrift n
Strg + ⭾	Einfügen eines Tabstoppzeichens

Drucken und Druckvorschau

Strg + P	Drucken eines Dokuments
Alt + Strg + I	Wechseln zur Seitenansicht in der Backstage-Ansicht der *Datei*-Registerkarte
Bild ↑ oder Bild ↓	Wechseln zur vorherigen oder zur nächsten Seite in der Seitenansicht

Drucken und Druckvorschau *(Forts.)*

[Strg]+[Pos1]	Wechseln zur ersten Seite in der Seitenansicht
[Strg]+[Ende]	Wechseln zur letzten Seite in der Seitenansicht

Dokumente überarbeiten

[Alt]+[Strg]+[K]	Einfügen eines Kommentars
[Strg]+[⇧]+[E]	Aktivieren oder Deaktivieren des Überarbeitungsmodus
[Alt]+[⇧]+[C]	Schließen des Überarbeitungsbereichs

Im Vollbild-Lesemodus arbeiten

[Pos1]	Wechseln zum Anfang des Dokuments
[Ende]	Wechseln zum Ende des Dokuments
[n], [↵]	Wechseln zu Seite n
[Esc]	Beenden der Ansicht *Vollbild-Lesemodus*

Verzeichniseinträge, Fußnoten und Endnoten

[Alt]+[⇧]+[O]	Festlegen eines Eintrags im Inhaltsverzeichnis
[Alt]+[⇧]+[I]	Festlegen eines Eintrags im Rechtsgrundlagenverzeichnis (Zitat)
[Alt]+[⇧]+[X]	Festlegen eines Indexeintrags
[Alt]+[Strg]+[F]	Einfügen einer Fußnote
[Alt]+[Strg]+[D]	Einfügen einer Endnote

Mit Webseiten arbeiten	
Strg + K	Einfügen eines Hyperlinks
Alt + ←	Eine Seite zurück
Alt + →	Eine Seite vorwärts
F9	Aktualisieren

Übersicht über Funktionstasten

Funktionstasten	
F1	Anzeigen der Word-Hilfe oder Inhalte von Microsoft Office Online
F2	Verschieben der Auswahl
F4	Wiederholen des vorhergehenden Vorgangs
F5	Auswählen des Befehls *Gehe zu* (Registerkarte *Start*, Gruppe *Bearbeiten*, Menü zur Schaltfläche *Suchen*)
F6	Wechseln zum nächsten Bereich im Fenster
F7	Auswählen des Befehls *Rechtschreibung* (Registerkarte *Überprüfen*)
F8	Erweitern der Markierung
F9	Aktualisieren der ausgewählten Felder
F10	Anzeigen der Zugriffstasteninfos im Menüband
F11	Wechseln zum nächsten Feld
F12	Auswählen des Befehls *Speichern unter*

[⇧]+Funktionstaste	
[⇧]+[F1]	Anzeigen der Formatierung oder Aufrufen der kontextbezogenen Hilfe
[⇧]+[F2]	Kopieren von Text
[⇧]+[F3]	Ändern der Groß-/Kleinschreibung der Buchstaben
[⇧]+[F4]	Wiederholen von *Suchen* oder *Gehe zu*
[⇧]+[F5]	Wechseln zur letzten Änderung
[⇧]+[F6]	Wechseln zum nächsten Bereich im Programmfenster (nach Drücken von [F6])
[⇧]+[F7]	Anzeigen des Aufgabenbereichs *Recherchieren* mit dem *Thesaurus* (Registerkarte *Überprüfen*, Gruppe *Dokumentprüfung*)
[⇧]+[F8]	Verkleinern der Auswahl
[⇧]+[F9]	Wechseln zwischen der Anzeige der Feldfunktion und dem Ergebnis
[⇧]+[F10]	Anzeigen des Kontextmenüs
[⇧]+[F11]	Zum vorherigen Feld
[⇧]+[F12]	Auswählen des Befehls *Speichern*

[Strg]+Funktionstaste	
[Strg]+[F1]	Reduzieren oder Erweitern des Menübands
[Strg]+[F2]	Anzeige der Seitenansicht in der Backstage-Ansicht der Registerkarte *Datei*
[Strg]+[F3]	Ausschneiden in die Sammlung (unter Umgehung der Zwischenablage)
[Strg]+[F4]	Schließen des Fensters

Strg+Funktionstaste (Forts.)	
Strg+F6	Wechseln zum nächsten Fenster
Strg+F9	Einfügen eines leeren Feldes
Strg+F10	Maximieren bzw. Wiederherstellen des Fensters
Strg+F11	Sperren eines Feldes
Strg+F12	Auswählen des Befehls *Öffnen*

Strg+⇧+Funktionstaste	
Strg+⇧+F3	Einfügen des Inhalts der Sammlung
Strg+⇧+F5	Bearbeiten einer Textmarke
Strg+⇧+F6	Wechseln zum vorherigen Fenster
Strg+⇧+F7	Aktualisieren verknüpfter Informationen in einem Word 2010-Quelldokument
Strg+⇧+F8 und anschließend eine Pfeiltaste	Erweitern einer Auswahl oder eines Blocks
Strg+⇧+F9	Aufheben einer Feldverknüpfung
Strg+⇧+F11	Freigeben eines Feldes
Strg+⇧+F12	Auswählen des Befehls *Drucken*

Alt+Funktionstaste	
Alt+F1	Wechseln zum nächsten Feld
Alt+F3	Erstellen eines neuen Bausteins
Alt+F4	Beenden von Word 2010
Alt+F5	Wiederherstellen der Größe des Programmfensters

Alt+Funktionstaste *(Forts.)*	
Alt+F6	Wechseln von einem geöffneten Dialogfeld zurück zum Dokument (bei Dialogfeldern, die dieses Verhalten unterstützen)
Alt+F7	Suchen des nächsten Rechtschreib- oder Grammatikfehlers
Alt+F8	Ausführen eines Makros
Alt+F9	Wechseln zwischen der Anzeige von Feldfunktionen und den Ergebnissen im gesamten Dokument
Alt+F10	Anzeigen des Aufgabenbereichs *Auswahl und Sichtbarkeit*
Alt+F11	Anzeigen des Visual Basic-Editors

Tastenkombinationen anpassen

Sie können in Microsoft Word Tastenkombinationen anpassen. Dabei weisen Sie einem Befehl, einem Makro, einer Schriftart, einem Format oder einem häufig verwendeten Symbol eine Tastenkombination zu. Festgelegte Tastenkombinationen können auch wieder entfernt werden.

- Klicken Sie auf der Registerkarte *Datei* auf *Optionen*.
- Im Dialogfeld *Word-Optionen* wählen Sie die Kategorie *Menüband anpassen*.
- Klicken Sie neben *Tastenkombinationen* auf die Schaltfläche *Anpassen*, um das Dialogfeld *Tastatur anpassen* anzuzeigen.
- Wählen Sie im Listenfeld *Kategorien* die Kategorie aus, zu der der Befehl gehört, dem Sie eine Tastenkombination zuweisen wollen. Das ändert auch die Anzeige im Listenfeld *Befehle* auf der rechten Seite.

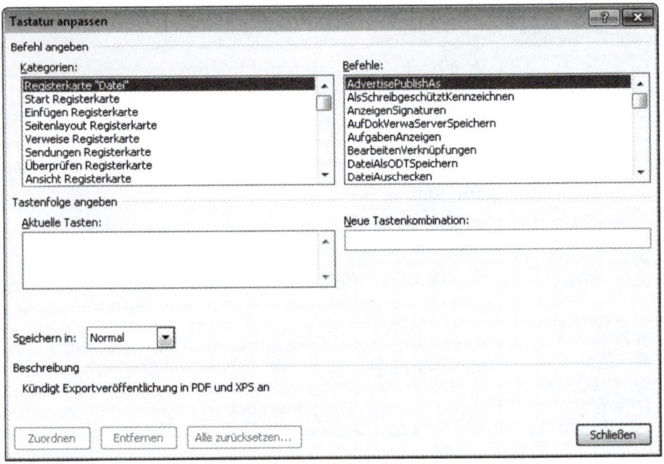

Das Dialogfeld Tastatur anpassen

- Wählen Sie im Listenfeld *Befehle* den gewünschten Befehl aus.
- Die Tastenkombinationen, die dem Befehl zurzeit zugeordnet sind, werden im Feld *Aktuelle Tasten* angezeigt.
- Setzen Sie den Cursor in das Feld *Neue Tastenkombination*.
- Drücken Sie die gewünschte Kombination von Tasten. Drücken Sie beispielsweise `Strg` plus die gewünschte Taste.
- Unterhalb des Feldes *Aktuelle Tasten* können Sie sehen, ob die Tastenkombination bereits einem anderen Befehl zugewiesen ist. Wenn dies der Fall ist, probieren Sie eine andere Kombination aus. Wenn Sie eine Tastenkombination zuweisen, die bereits durch einen bestimmten Befehl belegt ist, wird damit die ursprüngliche Funktion überschrieben.
- Klicken Sie auf *Zuordnen* und dann auf *Schließen*.

Excel 2010

Zu den programmübergreifenden Tastenkombinationen in den Microsoft Office-Anwendungen siehe *Seite 37 ff.*

In Blättern und Mappen arbeiten

Mit Blättern in Arbeitsmappen arbeiten	
[⇧]+[F11] oder [Alt]+[⇧]+[F1]	Einfügen eines neuen Arbeitsblatts
[Strg]+[Bild↓]	Wechseln zum nächsten Blatt in der Arbeitsmappe
[Strg]+[Bild↑]	Wechseln zum vorherigen Blatt in der Arbeitsmappe
[⇧]+[Strg]+[Bild↓]	Auswählen des aktiven und des nächsten Blattes
[⇧]+[Strg]+[Bild↑]	Auswählen des aktiven und des vorherigen Blattes

Im Seitenlayout arbeiten

Pfeiltasten	Navigieren auf der Seite
[Bild ↑] oder [Bild ↓]	Um eine Seite nach oben bzw. nach unten
[Strg]+[↑] oder [Strg]+[←]	Wechseln zur ersten Seite
[Strg]+[↓] oder [Strg]+[→]	Wechseln zur letzten Seite

Cursor verschieben

Pfeiltasten	Um eine Zelle nach oben, unten, links oder rechts
[Strg]+Pfeiltaste	An den Rand des aktuellen Datenbereichs
[Pos1]	An den Anfang der Zeile
[Strg]+[Pos1]	An den Anfang des Arbeitsblatts
[Strg]+[Ende]	Zur letzten Zelle im Arbeitsblatt, d.h. der Zelle am Schnittpunkt der am weitesten rechts liegenden Spalte mit der letzten verwendeten Zeile (in die untere rechte Ecke)
[Bild ↓]	Eine Bildschirmseite nach unten
[Bild ↑]	Eine Bildschirmseite nach oben
[Alt]+[Bild ↓]	Eine Bildschirmseite nach rechts
[Alt]+[Bild ↑]	Eine Bildschirmseite nach links
[F6]	Wechseln zwischen Arbeitsblatt, Menüband, Aufgabenbereich und Statusleiste; bei geteiltem Fenster Einbeziehung der verschiedenen Fenster

Cursor verschieben *(Forts.)*	
⇧ + F6	Wechseln in umgekehrter Reihenfolge
Strg + ←	Durchführen eines Bildlaufs, um die aktive Zelle anzuzeigen
F5	Anzeigen des Dialogfeldes *Gehe zu*
⇧ + F5	Anzeigen des Dialogfeldes *Suchen und Ersetzen*
⇧ + F4	Wiederholen des letzten Suchvorgangs (entspricht *Weitersuchen*)
⇆	Wechseln zwischen nicht gesperrten Zellen in einem geschützten Arbeitsblatt

In einem ausgewählten Bereich navigieren	
↵	Im ausgewählten Bereich von oben nach unten
⇧ + ↵	Im ausgewählten Bereich von unten nach oben
⇆	Im ausgewählten Bereich von links nach rechts bzw. nach unten, wenn Zellen in einer Spalte ausgewählt sind
⇧ + ⇆	Im ausgewählten Bereich von rechts nach links bzw. nach oben, wenn Zellen in einer Spalte ausgewählt sind
Strg + Alt + →	Bei nicht aneinandergrenzenden Auswahlbereichen zur nächsten Auswahl nach rechts
Strg + Alt + ←	Bei nicht aneinandergrenzenden Auswahlbereichen zur nächsten Auswahl nach links

Im ENDE-Modus navigieren

Ende	Ein- bzw. Ausschalten des *ENDE*-Modus
Ende +Pfeiltaste	Bewegen um einen Datenblock in einer Zeile oder Spalte
Ende + Pos1	Zur letzten Zelle im Arbeitsblatt, d.h. der Zelle am Schnittpunkt der am weitesten rechts liegenden Spalte mit der letzten verwendeten Zeile (in die untere rechte Ecke)
Ende + ↵	Wechseln in der aktiven Zeile zur ganz rechten nicht leeren Zelle (funktioniert nicht, wenn die alternativen Bewegungstasten aktiviert sind)

Im ROLLEN-Modus navigieren

Rollen	Ein- bzw. Ausschalten des *ROLLEN*-Modus
Pos1	Zur Zelle in der linken oberen Ecke des Fensters
Ende	Zur Zelle in der rechten unteren Ecke des Fensters
↑ oder ↓	Bildlauf um eine Zeile nach oben bzw. nach unten
← oder →	Bildlauf um eine Spalte nach links bzw. nach rechts

Daten und Zellen markieren

Zellen, Bereiche und Objekte markieren	
Strg + Leertaste	Markieren der gesamten Spalte
⇧ + Leertaste	Markieren der gesamten Zeile
Strg + A	Markieren des gesamten Arbeitsblatts
⇧ + ⟵	Bei mehreren markierten Zellen Auswählen der aktiven Zelle
Strg + ⇧ + Leertaste	Bei markiertem Objekt Auswählen aller Objekte auf einem Blatt
Strg + 6	Wechseln zwischen dem Ein- und Ausblenden von Objekten und dem Anzeigen von Platzhaltern für Objekte

Zellen mit bestimmten Eigenschaften auswählen	
Strg + ⇧ + *	Markieren des aktuellen Bereichs um die aktive Zelle (den Datenbereich, der von leeren Zeilen und Spalten eingeschlossen wird); bei einem PivotTable-Bericht Markieren des gesamten PivotTable-Berichts
Strg + /	Markieren der Matrix mit der aktiven Zelle
Strg + ⇧ + O	Markieren aller Zellen mit Kommentaren
Alt + (	In einer markierten Zeile Auswählen der Zellen, die nicht dem Wert in der aktiven Zelle in dieser Zeile entsprechen
Alt +)	In einer markierten Spalte Auswählen der Zellen, die nicht dem Wert in der aktiven Zelle in dieser Spalte entsprechen

Zellen mit bestimmten Eigenschaften auswählen *(Forts.)*	
Alt+$	Markieren aller Zellen, auf die Formeln in der Markierung direkt verweisen
Alt+/	Markieren aller Zellen, auf die Formeln in der Markierung direkt oder indirekt verweisen
Alt+%	Markieren der Zellen mit Formeln, die direkt auf die aktive Zelle verweisen
Alt+&	Markieren der Zellen mit Formeln, die direkt oder indirekt auf die aktive Zelle verweisen
Alt+;	Auswählen der sichtbaren Zellen in der aktuellen Markierung

Markierung erweitern	
F8	Aktivieren bzw. Deaktivieren des Erweiterungsmodus (im Erweiterungsmodus wird in der Statusleiste *Auswahl erweitern* angezeigt)
⇧+F8	Hinzufügen eines weiteren Zellbereichs zur Auswahl oder Verwenden der Pfeiltasten zum Festlegen des Beginns des Bereichs, den Sie hinzufügen möchten
⇧+Pfeiltaste	Erweitern der Markierung um eine Zelle
Strg+⇧+Pfeiltaste	Erweitern der Markierung bis zur letzten nicht leeren Zelle in derselben Spalte oder Zeile wie die aktive Zelle
⇧+Pos1	Erweitern der Markierung bis zum Anfang der Zeile
Strg+⇧+Pos1	Erweitern der Markierung bis zum Anfang des Arbeitsblatts

Markierung erweitern *(Forts.)*	
Strg + ⇧ + Ende	Erweitern der Markierung bis zur letzten verwendeten Zelle des Arbeitsblatts (rechte untere Ecke)
⇧ + Bild ↓	Erweitern der Markierung um eine Bildschirmseite nach unten
⇧ + Bild ↑	Erweitern der Markierung um eine Bildschirmseite nach oben
Ende + ⇧ + ↵	Erweitern der Markierung bis zur letzten Zelle in der aktuellen Zeile (funktioniert nicht, wenn die alternativen Bewegungstasten aktiviert sind)
Rollen + ⇧ + Pos1	Erweitern der Markierung bis zur obersten linken Zelle im Fenster
Rollen + ⇧ + Ende	Erweitern der Markierung bis zur untersten rechten Zelle im Fenster

Daten und Formeln eingeben

Dateneingabe	
↵	Beenden der Eingabe in einer Zelle und Markieren der Zelle darunter
Alt + ↵	Einfügen einer neuen Zeile in derselben Zelle
Strg + ↵	Ausfüllen des markierten Zellbereichs mit dem aktuellen Eintrag
⇧ + ↵	Beenden der Eingabe in einer Zelle und Markieren der vorherigen Zelle darüber
⇆	Beenden der Eingabe in einer Zelle und Markieren der nächsten Zelle rechts daneben

Dateneingabe *(Forts.)*	
[⇧]+[Tab]	Beenden der Eingabe in einer Zelle und Markieren der vorherigen Zelle links daneben
[Esc]	Abbrechen der Eingabe in einer Zelle
Pfeiltasten	Um ein Zeichen nach oben, unten, links oder rechts (Voraussetzung: [F2] zum Aktivieren der Bearbeitung innerhalb der Zelle)
[Pos1]	Zum Anfang der Zeile
[F4] oder [Strg]+[Y]	Wiederholen der letzten Aktion
[Strg]+[⇧]+[F3]	Erstellen von Namen aus Zeilen- und Spaltenbeschriftungen
[Strg]+[U]	Ausfüllen nach unten
[Strg]+[R]	Ausfüllen nach rechts
[Strg]+[F3]	Festlegen eines Namens
[Strg]+[K]	Einfügen eines Hyperlinks
[Strg]+[.]	Eingeben des aktuellen Datums
[Strg]+[:]	Eingeben der aktuellen Uhrzeit
[Alt]+[↓]	Anzeigen der Dropdownliste mit den Werten in der aktuellen Spalte eines Bereichs
[Strg]+[Z]	Rückgängigmachen der letzten Aktion

Sonderzeichen eingeben

Schalten Sie [Num] ein und verwenden Sie die Tasten auf der Zehnertastatur:

[Alt]+[0] [1] [6] [2]	Eingeben des Zeichens ¢
[Alt]+[0] [1] [6] [3]	Eingeben des Zeichens £
[Alt]+[0] [1] [6] [5]	Eingeben des Zeichens ¥
[Alt]+[0] [1] [2] [8]	Eingeben des Zeichens €

Formeln eingeben und berechnen

[=]	Kennzeichnen des Beginns einer Formel
[F2]	Platzieren des Cursors am Ende des Zellinhalts zum Bearbeiten der aktiven Zelle bzw. Platzieren des Cursors in der Bearbeitungsleiste, wenn die Bearbeitung in einer Zelle deaktiviert ist
[←]	In der Bearbeitungsleiste Löschen des Zeichens links vom Cursor
[↵]	Beenden der Eingabe in der Zelle oder in der Bearbeitungsleiste
[Strg]+[⇧]+[↵]	Eingeben einer Formel als Matrixformel
[Esc]	Abbrechen der Eingabe in der Zelle oder der Bearbeitungsleiste
[⇧]+[F3]	Anzeigen des Dialogfeldes *Funktion einfügen* in einer Formel
[Strg]+[A]	Wenn sich der Cursor in einer Formel rechts neben einem Funktionsnamen befindet, Anzeigen des Dialogfeldes *Funktionsargumente*

Formeln eingeben und berechnen *(Forts.)*

Strg + ⇧ + A	Wenn sich der Cursor in einer Formel rechts neben einem Funktionsnamen befindet, Einfügen der Argumentnamen und -klammern
F3	Einfügen eines definierten Namens in eine Formel
Alt + =	Einfügen einer AutoSumme-Formel mit der SUMME-Funktion
Strg + ;	Kopieren des Wertes aus der Zelle über der aktiven Zelle in die Zelle oder in die Bearbeitungsleiste
Strg + ,	Kopieren einer Formel aus der Zelle über der aktiven Zelle in die Zelle oder in die Bearbeitungsleiste
Strg + #	Wechseln zwischen der Anzeige von Zellwerten und der Anzeige von Zellformeln
F9	Berechnen aller Tabellenblätter in allen geöffneten Arbeitsmappen; wenn ein Teil einer Formel ausgewählt ist, Berechnen des ausgewählten Teils
⇧ + F9	Berechnen des aktiven Arbeitsblatts
Strg + Alt + F9	Berechnen aller Formeln in allen geöffneten Arbeitsmappen unabhängig davon, ob diese sich seit der letzten Berechnung geändert haben
Strg + Alt + ⇧ + F9	Prüfen aller abhängigen Formeln und dann Berechnen aller Zellen in allen geöffneten Arbeitsmappen einschließlich der Zellen, die nicht für das Berechnen markiert sind

Bearbeiten und Formatieren

Daten bearbeiten	
F2	Bearbeiten der aktiven Zelle und Positionieren des Cursors am Ende der Zeile
Alt + ↵	Einfügen einer neuen Zeile in derselben Zelle
⟵	Bearbeiten der aktiven Zelle und anschließendes Löschen oder Löschen des vorhergehenden Zeichens in der aktiven Zelle beim Bearbeiten des Zellinhalts
Entf	Löschen des Zeichens rechts vom Cursor oder Löschen der Markierung
Strg + Entf	Löschen der Zeichen bis zum Ende des Eintrags
F7	Anzeigen des Dialogfeldes *Rechtschreibung*
⇧ + F2	Bearbeiten des Zellkommentars
↵	Beenden der Eingabe in einer Zelle und Markieren der nächsten Zelle darunter
Strg + Z	Rückgängigmachen der letzten Aktion
Esc	Abbrechen der Bearbeitung in einer Zelle

Zellen einfügen, löschen und kopieren	
Strg + C	Kopieren der markierten Zellen
Strg + X	Ausschneiden der markierten Zellen
Strg + V	Einfügen der in der Zwischenablage befindlichen Zellen
Entf	Löschen des Inhalts der markierten Zellen
Strg + -	Löschen der markierten Zellen
Strg + +	Einfügen leerer Zellen

Daten formatieren	
Strg + 1	Anzeigen des Dialogfeldes *Zellen formatieren*
Strg + &	Anwenden des Zahlenformats *Standard*
Strg + $	Anwenden des Formats *Währung* mit zwei Dezimalstellen (negative Zahlen werden in roter Schrift angezeigt)
Strg + %	Anwenden des Formats *Prozent* ohne Dezimalstellen
Strg + "	Anwenden des Zahlenformats *Wissenschaft* mit zwei Dezimalstellen
Strg + #	Anwenden des Formats *Datum* mit Tag, Monat und Jahr
Strg + !	Anwenden des Formats *Zahl* mit zwei Dezimalstellen, einem Tausendertrennzeichen und einem Minuszeichen bei negativen Werten
Strg + ⇧ + F	Zuweisen bzw. Entfernen der Formatierung *Fett*
Strg + ⇧ + K	Zuweisen bzw. Entfernen Formatierung *Kursiv*
Strg + ⇧ + U	Zuweisen bzw. Entfernen der Unterstreichung
Strg + 5	Zuweisen bzw. Entfernen der Durchstreichung
Strg + 9	Ausblenden markierter Zeilen
Strg +)	Einblenden ausgeblendeter Zeilen in der Markierung
Strg + 8	Ausblenden markierter Spalten
Strg + (	Einblenden ausgeblendeter Spalten in der Markierung

Daten formatieren *(Forts.)*	
[Strg]+[⇧]+[-]	Hinzufügen einer Umrandung um die markierten Zellen
[Strg]+[>]	Entfernen einer Umrandung um die markierten Zellen

In Diagrammen arbeiten	
[F11]	Erstellen eines Diagramms mit den Daten im aktuellen Bereich auf einem eigenen Diagrammblatt
[Alt]+[F1]	Erstellen eines eingebetteten Diagramms mit den Daten im aktuellen Bereich
[Strg]+[Bild ↓]	Auswählen eines Diagrammblatts: das nächste Blatt der Arbeitsmappe auswählen, bis das gewünschte Diagrammblatt ausgewählt ist
[Strg]+[Bild ↑]	Auswählen eines Diagrammblatts: das vorherige Blatt der Arbeitsmappe auswählen, bis das gewünschte Diagrammblatt ausgewählt ist
[↓]	Auswählen der vorherigen Elementgruppe in einem Diagramm
[↑]	Auswählen der nächsten Elementgruppe in einem Diagramm
[→]	Auswählen des nächsten Elements innerhalb einer Gruppe
[←]	Auswählen des vorherigen Elements innerhalb einer Gruppe

Funktionstasten und Kombinationen mit Funktionstasten

Funktionstasten in Excel	
F1	Anzeigen des Fensters *Excel-Hilfe*
Strg + F1	Reduzieren oder Erweitern des Menübands
Alt + F1	Erstellen eines eingebetteten Diagramms mit den Daten im aktuellen Bereich
Alt + ⇧ + F1	Einfügen eines neuen Arbeitsblatts
F2	Bearbeiten der aktiven Zelle und Positionieren des Cursors am Ende des Zelleninhalts; außerdem Verschieben des Cursors in die Bearbeitungsleiste, wenn die Zellbearbeitung deaktiviert ist
⇧ + F2	Hinzufügen eines Zellkommentars oder Bearbeiten eines Zellkommentars
Strg + F2	Anzeigen des Seitenansichtsbereichs in der Backstage-Ansicht der Registerkarte *Datei*
F3	Anzeigen des Dialogfeldes *Namen einfügen* (nur verfügbar, wenn in der Arbeitsmappe Namen definiert wurden)
⇧ + F3	Anzeigen des Dialogfeldes *Funktion einfügen*
F4	Wiederholen des letzten Befehls oder der letzten Aktion, sofern möglich
⇧ + F4	Wiederholen des letzten Suchvorgangs
Strg + F4	Schließen des markierten Arbeitsmappenfensters
Alt + F4	Schließen von Excel

Funktionstasten in Excel *(Forts.)*	
[F5]	Anzeigen des Dialogfeldes *Gehe zu*
[Strg]+[F5]	Wiederherstellen der Fenstergröße des ausgewählten Arbeitsmappenfensters
[F6]	Wechseln zwischen Arbeitsblatt, Menüband, Aufgabenbereich und Statusleiste. Bei einem geteilten Fenster bezieht [F6] beim Wechseln zwischen Fenstern und dem Menüband die geteilten Fenster ein.
[⇧]+[F6]	Wechseln zwischen Arbeitsblatt, Statusleiste, Aufgabenbereich und Menüband
[Strg]+[F6]	Wechseln zum nächsten Arbeitsmappenfenster, wenn mehr als ein Arbeitsmappenfenster geöffnet ist
[F7]	Anzeigen des Dialogfeldes *Rechtschreibung*, um die Rechtschreibung im aktiven Arbeitsblatt oder im markierten Bereich zu überprüfen
[Strg]+[F7]	Ausführen des Befehls *Verschieben* im Arbeitsmappenfenster, wenn das Fenster nicht maximiert ist. Verschieben Sie das Fenster mit den Pfeiltasten und drücken Sie die [↵], wenn sich das Fenster an der gewünschten Stelle befindet, oder drücken Sie [Esc], um den Vorgang abzubrechen.
[F8]	Aktivieren oder Deaktivieren des Erweiterungsmodus. Im Erweiterungsmodus wird in der Statusleiste *Auswahl erweitern* angezeigt, und mithilfe der Pfeiltasten kann die Auswahl erweitert werden.

Funktionstasten in Excel *(Forts.)*

⇧ + F8	Hinzufügen einer nicht angrenzenden Zelle oder eines nicht angrenzenden Bereichs zu einer Zellauswahl mithilfe der Pfeiltasten
Strg + F8	Ausführen des Befehls *Größe ändern*, wenn das Arbeitsmappenfenster nicht maximiert ist
Alt + F8	Anzeigen des Dialogfeldes *Makro*, um ein Makro zu erstellen, auszuführen, zu bearbeiten oder zu löschen
F9	Berechnen aller Arbeitsblätter in allen geöffneten Arbeitsmappen
⇧ + F9	Berechnen des aktiven Arbeitsblatts
Strg + Alt + F9	Berechnen aller Arbeitsblätter in allen geöffneten Arbeitsmappen, auch wenn sich diese seit der letzten Berechnung nicht geändert haben
Strg + Alt + ⇧ + F9	Überprüfen abhängiger Formeln und Berechnen aller Zellen in allen geöffneten Arbeitsmappen, auch der Zellen, die nicht zum Berechnen markiert sind
Strg + F9	Minimieren des Arbeitsmappenfensters
F10 oder Alt	Aktivieren bzw. Deaktivieren der Zugriffstasteninfos im Menüband
⇧ + F10	Anzeigen des Kontextmenüs für das markierte Element
Alt + ⇧ + F10	Anzeigen des Menüs oder der Nachricht einer Fehlerüberprüfungsschaltfläche
Strg + F10	Maximieren bzw. Wiederherstellen des Arbeitsmappenfensters

Funktionstasten in Excel *(Forts.)*	
[F11]	Erstellen eines Diagramms mit den Daten im aktuellen Bereich auf einem separaten Diagrammblatt
[⇧]+[F11]	Einfügen eines neuen Arbeitsblatts
[Alt]+[F11]	Öffnen des Visual Basic-Editors, mit dessen Hilfe Sie mit Visual Basic für Applikationen (VBA) Makros erstellen und bearbeiten können
[F12]	Anzeigen des Dialogfeldes *Speichern unter*

Tastenkombinationen mit [Strg]

Die Steuerungstaste in Excel	
[Strg]+[)]	Einblenden ausgeblendeter Zeilen im markierten Bereich
[Strg]+[⇧]+[-]	Hinzufügen eines Außenrahmens um die markierten Zellen
[Strg]+[>]	Entfernen des Außenrahmens um die markierten Zellen
[Strg]+[&]	Zuweisen des Standardzahlenformats
[Strg]+[$]	Zuweisen des Währungsformats mit zwei Dezimalstellen (negative Zahlen in Rot)
[Strg]+[%]	Zuweisen des Prozentformats ohne Dezimalstellen
[Strg]+["]	Zuweisen des Exponentialzahlenformats mit zwei Dezimalstellen

Die Steuerungstaste in Excel *(Forts.)*	
Strg + #	Zuweisen des Datumsformats mit Tag, Monat und Jahr
Strg + !	Zuweisen des Zahlenformats mit zwei Dezimalstellen, Tausendertrennzeichen und Minuszeichen für negative Werte
Strg + ⇧ + *	Markieren des aktuellen Bereichs um die aktive Zelle (Datenbereich, der von leeren Zeilen und leeren Spalten umgeben ist); bei einer PivotTable Markieren des gesamten PivotTable-Berichts
Strg + :	Eingeben der aktuellen Uhrzeit
Strg + ;	Kopieren des Wertes aus der Zelle über der aktiven Zelle in die Zelle oder in die Bearbeitungsleiste
Strg + +	Anzeigen des Dialogfeldes *Zellen einfügen*
Strg + -	Anzeigen des Dialogfeldes *Löschen*
Strg + .	Eingeben des aktuellen Datums
Strg + ,	Kopieren einer Formel aus der Zelle über der aktiven Zelle in die Zelle oder in die Bearbeitungsleiste
Strg + 1	Anzeigen des Dialogfeldes *Zellen formatieren*
Strg + 2	Zuweisen der Formatierung *Fett* bzw. Aufheben der Formatierung
Strg + 3	Zuweisen der Formatierung *Kursiv* bzw. Aufheben der Formatierung
Strg + 4	Zuweisen der Formatierung *Unterstreichen* oder bzw. Aufheben der Formatierung

Die Steuerungstaste in Excel *(Forts.)*	
[Strg]+[5]	Zuweisen der Formatierung *Durchgestrichen* oder bzw. Aufheben der Formatierung
[Strg]+[6]	Ein- bzw. Ausblenden von Objekten
[Strg]+[8]	Ausblenden der markierten Spalten
[Strg]+[9]	Ausblenden der markierten Zeilen
[Strg]+[A]	Markieren des gesamten Arbeitsblatts; enthält das Arbeitsblatt Daten, Auswählen des aktuellen Bereichs; durch erneutes Drücken von [Strg]+[A] Auswählen des gesamten Arbeitsblatts. Befindet sich der Cursor in einer Formel rechts neben einem Funktionsnamen, Anzeige des Dialogfeldes *Funktionsargumente*.
[Strg]+[⇧]+[A]	Einfügen der Argumentnamen und Klammern, wenn sich der Cursor in einer Formel rechts neben einem Funktionsnamen befindet
[Strg]+[⇧]+[F]	Zuweisen der Formatierung *Fett* bzw. Aufheben der Formatierung
[Strg]+[C]	Kopieren der markierten Zellen
[Strg]+[F] oder [⇧]+[F5]	Anzeigen des Dialogfeldes *Suchen und Ersetzen*, wobei die Registerkarte *Suchen* ausgewählt ist
[Strg]+[G] oder [F5]	Anzeigen des Dialogfeldes *Gehe zu*
[Strg]+[H]	Anzeigen des Dialogfeldes *Suchen und Ersetzen*, wobei die Registerkarte *Ersetzen* ausgewählt ist
[Strg]+[⇧]+[K]	Zuweisen der Formatierung *Kursiv* bzw. Aufheben der Formatierung

Die Steuerungstaste in Excel *(Forts.)*	
Strg + K	Anzeigen des Dialogfeldes *Hyperlink einfügen*; ist ein vorhandener Hyperlink markiert, Anzeige des Dialogfeldes *Hyperlink bearbeiten*
Strg + L	Anzeigen des Dialogfeldes *Tabelle erstellen*
Strg + N	Erstellen einer neuen, leeren Arbeitsmappe
Strg + O	Anzeigen des Dialogfeldes *Öffnen*
Strg + ⇧ + O	Markieren aller Zellen, die Kommentare enthalten
Strg + P	Anzeigen der Kategorie *Drucken* in der Backstage-Ansicht der Registerkarte *Start*
Strg + ⇧ + P	Öffnen des Dialogfeldes *Zellen formatieren*, wobei die Registerkarte *Schrift* ausgewählt ist
Strg + R	Verwenden des Befehls *Rechts ausfüllen*, um den Inhalt und das Format der Zelle ganz links in einem markierten Bereich in die Zellen rechts daneben zu kopieren
Strg + S	Speichern der Datei unter dem aktuellen Dateinamen im aktuellen Dateiformat am aktuellen Speicherort
Strg + T	Anzeigen des Dialogfeldes *Tabelle erstellen*
Strg + U	Verwenden des Befehls *Unten ausfüllen*, um den Inhalt und das Format der obersten Zelle eines markierten Bereichs in die darunterliegenden Zellen zu kopieren
Strg + ⇧ + U	Zuweisen der Formatierung *Unterstreichen* oder bzw. Aufheben der Formatierung

Die Steuerungstaste in Excel *(Forts.)*	
Strg + V	Einfügen des Inhalts der Zwischenablage an der aktuellen Cursorposition und Ersetzen einer möglichen Auswahl
Strg + Alt + V	Anzeigen des Dialogfeldes *Inhalte einfügen* (nur verfügbar, wenn zuvor ausgeschnitten oder kopiert wurde)
Strg + W	Schließen des markierten Arbeitsmappenfensters
Strg + X	Ausschneiden der markierten Zellen
Strg + Y	Wiederholen des letzten Befehls oder der letzten Aktion, sofern möglich
Strg + Z	Verwenden des Befehls *Rückgängig*, um den letzten Befehl rückgängig zu machen oder den zuletzt eingegebenen Eintrag zu löschen

PowerPoint 2010

- Navigieren und Markieren: *Seite 78*
- Formatieren und Ausrichten: *Seite 82*
- Präsentieren: *Seite 83*

Zu den programmübergreifenden Tastenkombinationen in den Microsoft Office-Anwendungen siehe *Seite 37 ff.*

Navigieren und Markieren

Zwischen Bereichen wechseln	
F6	Wechseln im Uhrzeigersinn zwischen Fensterbereichen in der Normalansicht
⇧ + F6	Wechseln gegen den Uhrzeigersinn zwischen Fensterbereichen in der Normalansicht
Strg + ⇧ + ⇆	Umschalten zwischen den Registerkarten *Folien* und *Gliederung* in der Normalansicht

In Texten navigieren	
←	Wechseln um ein Zeichen nach links
→	Wechseln um ein Zeichen nach rechts
↑	Wechseln um eine Zeile nach oben
↓	Wechseln um eine Zeile nach unten
Strg + ←	Wechseln um ein Wort nach links
Strg + →	Wechseln um ein Wort nach rechts

In Texten navigieren *(Forts.)*

[Ende]	Wechseln an das Ende einer Zeile
[Pos1]	Wechseln an den Anfang einer Zeile
[Strg]+[↑]	Wechseln um einen Absatz nach oben
[Strg]+[↓]	Wechseln um einen Absatz nach unten
[Strg]+[Ende]	Wechseln an das Ende eines Textfeldes
[Strg]+[Pos1]	Wechseln an den Anfang eines Textfeldes
[Strg]+[↵]	Wechseln zum nächsten Titel- oder Untertitel-platzhalter

In Tabellen navigieren und Tabellen bearbeiten

[⇆]	Wechseln zur nächsten Zelle
[⇧]+[⇆]	Wechseln zur vorhergehenden Zelle
[↓]	Wechseln zur nächsten Zeile
[↑]	Wechseln zur vorhergehenden Zeile
[Strg]+[⇆]	Einfügen eines Tabstopps in eine Zelle
[↵]	Einfügen eines neuen Absatzes in der Zelle
[⇆] am Ende der letzten Zeile	Einfügen einer neuen Zeile am unteren Ende der Tabelle

In der Gliederung arbeiten

[Alt]+[⇧]+[←]	Höherstufen eines Absatzes
[Alt]+[⇧]+[→]	Tieferstufen eines Absatzes
[Alt]+[⇧]+[↑]	Verschieben markierter Absätze nach oben

In der Gliederung arbeiten *(Forts.)*	
Alt + ⇧ + ↓	Verschieben markierter Absätze nach unten
Alt + ⇧ + 1	Reduzieren der Anzeige auf die Überschriftenebene 1
Alt + ⇧ + +	Erweitern von Text unterhalb einer Überschrift
Alt + ⇧ + -	Reduzieren von Text unterhalb einer Überschrift

Raster und Führungslinien	
⇧ + F9	Ein- oder Ausblenden des Rasters
Alt + F9	Ein- oder Ausblenden der Führungslinien

Text und Objekte markieren	
⇧ + →	Markieren eines Zeichens rechts vom Cursor
⇧ + ←	Markieren eines Zeichens links vom Cursor
Strg + ⇧ + →	Markieren vom Cursor bis zum Ende des Wortes
Strg + ⇧ + ←	Markieren vom Cursor bis zum Anfang des Wortes
⇧ + ↑	Markieren bis zur darüberliegenden Zeile (wenn der Cursor am Anfang der Zeile steht)
⇧ + ↓	Markieren bis zur darunterliegenden Zeile (wenn der Cursor am Anfang der Zeile steht)
Esc	Markieren eines Objekts (wenn der Text innerhalb des Objekts markiert ist)
⇆ oder ⇧ + ⇆, bis das gewünschte Objekt markiert ist	Markieren eines Objekts (wenn ein Objekt markiert ist)

Text und Objekte markieren *(Forts.)*	
↵	Markieren von Text innerhalb eines Objekts (wobei bereits ein Objekt markiert ist)
Strg + A	In der Normalansicht im Folienbereich Markieren aller Objekte; in der Ansicht *Foliensortierung* Markieren aller Folien; auf der Registerkarte *Gliederung* Markieren des gesamten Texts

Text und Objekte löschen und kopieren	
←	Löschen des Zeichens links vom Cursor
Strg + ←	Löschen des Wortes links vom Cursor
Entf	Löschen des Zeichens rechts vom Cursor
Strg + Entf	Löschen des Wortes rechts vom Cursor (hierzu muss sich der Cursor zwischen zwei Wörtern befinden)
Strg + X	Ausschneiden des markierten Objekts oder Texts
Strg + C	Kopieren des markierten Objekts oder Texts
Strg + V	Einfügen des ausgeschnittenen oder kopierten Objekts oder Texts
Strg + Z	Rückgängigmachen der letzten Aktion
Strg + Y	Wiederherstellen der letzten Aktion
Strg + ⇧ + C	Kopieren nur der Formatierung
Strg + ⇧ + V	Einfügen nur der Formatierung
Strg + Alt + V	Öffnen des Dialogfeldes *Inhalte einfügen* (es muss zuvor etwas in die Zwischenablage ausgeschnitten oder kopiert worden sein)

Formatieren und Ausrichten

Schriftart oder Schriftgrad ändern	
Strg + ⇧ + A oder Strg + T	Öffnen des Dialogfeldes *Schriftart* zum Ändern der Schriftart
Strg + :	Vergrößern des Schriftgrads
Strg + ;	Verkleinern des Schriftgrads

Zeichenformate zuweisen	
Strg + T oder Strg + ⇧ + A	Öffnen des Dialogfeldes *Schriftart* zum Ändern der Zeichenformatierung
⇧ + F3	Wechseln der Groß-/Kleinschreibung von Buchstaben zwischen ersten Buchstaben großschreiben, alles Kleinbuchstaben und alles Großbuchstaben
Strg + ⇧ + F	Zuweisen bzw. Aufheben der Fettformatierung
Strg + U	Zuweisen bzw. Aufheben der Unterstreichung
Strg + ⇧ + K	Zuweisen bzw. Aufheben der Kursivformatierung
Strg + +	Zuweisen bzw. Aufheben der Formatierung *Tiefgestellt* (automatische Anpassung der Abstände)
Strg + *	Zuweisen bzw. Aufheben der Formatierung *Hochgestellt* (automatische Anpassung der Abstände)
Strg + Leertaste	Entfernen der manuellen Zeichenformatierung, z.B. Tief- und Hochstellung
Strg + K	Einfügen eines Hyperlinks

Textformate kopieren	
Strg+⇧+C	Kopieren von Formaten
Strg+⇧+V	Einfügen von Formaten

Absätze ausrichten	
Strg+E	Zentrieren des Absatzes
Strg+J	Formatieren des Absatzes im Blocksatz
Strg+L	Linksbündiges Ausrichten des Absatzes
Strg+R	Rechtsbündiges Ausrichten des Absatzes

Präsentieren

Präsentation ausführen	
F5	Starten einer Präsentation am Anfang
↵ oder Bild↓ oder → oder ↓ oder Leertaste	Ausführen der nächsten Animation oder Wechsel zur nächsten Folie
Nummer+↵	Wechseln zur Folie mit der entsprechenden Nummer
B oder .	Anzeigen einer leeren schwarzen Folie oder Zurückkehren zur Präsentation von einer leeren schwarzen Folie
W oder ,	Anzeigen einer leeren weißen Folie oder Zurückkehren zur Präsentation von einer leeren, weißen Folie

Präsentation ausführen *(Forts.)*	
[S]	Beenden oder Neustarten einer automatischen Präsentation
[Esc] oder [-]	Beenden einer Präsentation
[H]	Wechsel zur nächsten Folie, wenn die nächste Folie ausgeblendet ist
[T]	Festlegen neuer Einblendezeiten beim Probelauf
[O]	Verwenden der ursprünglichen Einblendezeiten beim Probelauf
[M]	Wechseln zur nächsten Folie durch Mausklick beim Probelauf
[R]	Neuaufnahme und zeitliche Abstimmung des Kommentars
[A] oder [=]	Ein- und Ausblenden des Zeigers
[Strg]+[P]	Umwandeln des Zeigers in einen Stift
[Strg]+[A]	Umwandeln des Zeigers in einen Pfeil
[Strg]+[E]	Umwandeln des Zeigers in einen Radiergummi
[Strg]+[M]	Ein- und Ausblenden von Freihandmarkierungen
[Strg]+[H]	Sofortiges Ausblenden von Zeiger und Navigationsschaltfläche
[Strg]+[U]	Ausblenden von Zeiger und Navigationsschaltfläche nach 15 Sekunden
[Strg]+[S]	Anzeigen des Dialogfeldes *Alle Folien*
[Strg]+[T]	Einblenden der Windows-Taskleiste

Präsentation ausführen *(Forts.)*	
⇧+F10	Anzeigen des Kontextmenüs
⇆	Wechseln zum ersten oder zum nächsten Hyperlink auf einer Folie
⇧+⇆	Wechseln zum letzten bzw. vorhergehenden Hyperlink auf einer Folie
↵, wenn ein Hyperlink markiert wurde	Ausführen der Mausklickaktion des markierten Hyperlinks

Medienclips wiedergeben	
Alt+P	Abspielen oder Anhalten von Medien
Alt+Q	Beenden der Medienwiedergabe
Alt+↑	Erhöhen der Lautstärke
Alt+↓	Verringern der Lautstärke
Alt+⇧+→	Suche vorwärts
Alt+⇧+←	Suche rückwärts
Alt+⇧+Strg+→	Präzisionsausrichtung vorwärts
Alt+⇧+Strg+←	Präzisionsausrichtung rückwärts
Alt+U	Stummschalten

Webpräsentation durchsuchen

⭾	Vorwärts durch die Hyperlinks in einer Webpräsentation, die Adressleiste und die Linkleiste
⇧ + ⭾	Rückwärts durch die Hyperlinks in einer Webpräsentation, die Adressleiste und die Linkleiste
↵	Ausführen der Mausklickaktion des markierten Hyperlinks
Leertaste	Wechseln zur nächsten Folie

Im Aufgabenbereich »Auswahl und Sichtbarkeit« arbeiten

F6	Durchlaufen des Fokus durch die anderen Bereiche
⇧ + F10	Anzeigen des Kontextmenüs
↓ oder ↑	Verschieben des Fokus auf ein einzelnes Element oder eine Gruppe
←	Verschieben des Fokus von einem Element in einer Gruppe zur übergeordneten Gruppe
→	Verschieben des Fokus von einer Gruppe zum ersten Element in dieser Gruppe
* (auf Zehnertastatur)	Erweitern einer markierten Gruppe und all ihrer untergeordneten Gruppen
+ (auf Zehnertastatur)	Erweitern einer markierten Gruppe

Im Aufgabenbereich »Auswahl und Sichtbarkeit« arbeiten *(Forts.)*	
[-] (auf Zehnertastatur)	Reduzieren einer markierten Gruppe
[⇧]+[↑] oder [⇧]+[↓]	Verschieben des Fokus zu einem Element und Markieren des Elements
[Leertaste] oder [↵]	Auswählen eines markierten Elements
[⇧]+[Leertaste] oder [⇧]+[↵]	Aufheben der Auswahl eines markierten Elements
[Strg]+[⇧]+[F]	Verschieben eines markierten Elements nach vorn
[Strg]+[⇧]+[B]	Verschieben eines markierten Elements nach hinten
[Strg]+[⇧]+[S]	Ein- oder Ausblenden eines markierten Elements
[F2]	Umbenennen eines markierten Elements
[⇆] oder [⇧]+[⇆]	Wechseln des Tastaturfokus innerhalb des Auswahlbereichs zwischen Baumansicht und den Schaltflächen *Alle anzeigen* und *Alle ausblenden*
[Alt]+[⇧]+[9]	Erweitern aller Gruppen

Outlook 2010

- In allen Outlook-Bereichen: *Seite 88*
- In einzelnen Outlook-Bereichen: *Seite 94*
- Ansichten: *Seite 101*

In allen Outlook-Bereichen

Zwischen Elementen navigieren	
Strg + 1	Wechseln zu E-Mail
Strg + 2	Wechseln zu Kalender
Strg + 3	Wechseln zu Kontakte
Strg + 4	Wechseln zu Aufgaben
Strg + 5	Wechseln zu Notizen
Strg + 6	Wechseln zur Ordnerliste im Navigationsbereich
Strg + 7	Wechseln zu Verknüpfungen
Strg + .	Wechseln zur nächsten Nachricht (bei geöffneter Nachricht)
Strg + ,	Wechseln zur vorherigen Nachricht (bei geöffneter Nachricht)
Strg + ⇧ + ⇆ oder ⇧ + ⇆	Wechseln zwischen dem Navigationsbereich, dem Outlook-Hauptfenster, dem Lesebereich und der Aufgabenleiste
⇆	Wechseln zwischen dem Outlook-Fenster, den kleineren Bereichen im Navigationsbereich, dem Lesebereich und den Abschnitten in der Aufgabenleiste

Zwischen Elementen navigieren *(Forts.)*	
F6	Wechseln zwischen dem Outlook-Fenster, den kleineren Bereichen im Navigationsbereich, dem Lesebereich und den Abschnitten in der Aufgabenleiste sowie Anzeigen der Zugriffstasteninfos im Menüband
Strg + ⭾	Wechseln zwischen Nachrichtenkopfzeilen im Navigationsbereich oder in einer angezeigten Nachricht
Pfeiltasten	Wechseln im Navigationsbereich
Strg + Y	Wechseln zu einem anderen Ordner
F3 oder Strg + E	Wechseln zum Feld *Suchen*
Alt + ↑ oder Strg + , oder Alt + Bild ↑	Anzeigen der vorherigen Nachricht im Lesebereich
Leertaste	Scrollen im Lesebereich nach unten
⇧ + Leertaste	Scrollen im Lesebereich nach oben
← oder →	Erweitern oder Reduzieren einer Gruppe in der Liste mit E-Mail-Nachrichten
Alt + ← oder Alt + B	Zurück zur vorherigen Ansicht im Outlook-Hauptfenster
Alt + →	Vorwärts zur nächsten Ansicht im Outlook-Hauptfenster
Strg + ⇧ + W	Aktivieren der Infoleiste und Aufrufen des Befehlsmenüs (sofern verfügbar)

Im Datumsnavigator arbeiten	
Alt + Pos1	Wechseln zum ersten Tag der aktuellen Woche
Alt + Ende	Wechseln zum letzten Tag der aktuellen Woche
Alt + ↑	Wechseln zum gleichen Tag in der vorherigen Woche
Alt + ↓	Wechseln zum gleichen Tag in der nächsten Woche

Suchen	
Strg + E	Suchen nach einer Nachricht oder nach einem anderen Element
Esc	Löschen der Suchergebnisse
Strg + Alt + A	Erweitern der Suche auf *Alle E-Mail-Elemente*, *Alle Kalenderelemente* oder *Alle Kontaktelemente*, je nachdem, welches Modul aktiv ist
Strg + ⇧ + F	Verwenden des Dialogfeldes *Erweiterte Suche*
Strg + ⇧ + P	Erstellen eines neuen Suchordners
F4	Suchen nach Text in einem geöffneten Element
Strg + H	Suchen und Ersetzen von Textsymbolen oder von Formatierungsbefehlen (kann bei einem geöffneten Element im Lesebereich verwendet werden)
Strg + Alt + K	Erweitern der Suche auf Elemente im aktuellen Ordner
Strg + Alt + Z	Erweitern der Suche auf die Unterordner

Elemente kennzeichnen	
Strg + ⇧ + G	Kennzeichnen des Elements zur Nachverfolgung

Elemente erstellen	
Strg + ⇧ + A	Erstellen eines Termins
Strg + ⇧ + C	Erstellen eines Kontakts
Strg + ⇧ + E	Erstellen eines Ordners
Strg + ⇧ + H	Erstellen eines Microsoft Office-Dokuments
Strg + ⇧ + J	Erstellen eines Journaleintrags
Strg + ⇧ + K	Erstellen einer Aufgabe
Strg + ⇧ + L	Erstellen einer Verteilerliste
Strg + ⇧ + M	Erstellen einer Nachricht
Strg + ⇧ + N	Erstellen einer Notiz
Strg + ⇧ + P	Erstellen eines Suchordners
Strg + ⇧ + Q	Erstellen einer Besprechungsanfrage
Strg + ⇧ + S	Erstellen eines Diskussionsbeitrags
Strg + ⇧ + T	Erstellen einer Textnachricht (SMS)
Strg + ⇧ + X	Erstellen eines Fax
Strg + Alt + ⇧ + U	Erstellen einer Aufgabenanfrage

Mit Elementen arbeiten	
Strg + S oder ⇧ + F12	Speichern (außer in Aufgaben)
Alt + S	Speichern und Schließen (außer in E-Mail)
F12	Speichern unter (außer in E-Mail)
Strg + Z oder Alt + ←	Rückgängig
Strg + D	Löschen eines Elements
Strg + P	Drucken
Strg + ⇧ + Y	Kopieren eines Elements
Strg + ⇧ + V	Verschieben eines Elements
Strg + K	Prüfen eines Namens
F7	Prüfen der Rechtschreibung
Strg + ⇧ + G	Kennzeichnen zur Nachverfolgung
Strg + F	Weiterleiten
F9	Alle senden oder bereitstellen oder einladen
F2	Aktivieren der Bearbeitung in einem Feld (außer in E-Mail oder in der Symbolansicht)
Strg + L	Textausrichtung links
Strg + E	Textausrichtung zentrieren
Strg + R	Textausrichtung rechts

Text formatieren	
[Strg]+[⇧]+[P]	Anzeigen des Dialogfeldes *Schriftart*
[⇧]+[F3]	Wechseln zwischen Groß- und Kleinschreibung (bei markiertem Text)
[Strg]+[⇧]+[F]	Zuweisen bzw. Aufheben der Fettformatierung
[Strg]+[⇧]+[K]	Zuweisen bzw. Aufheben der Kursivformatierung
[Strg]+[⇧]+[L]	Hinzufügen bzw. Entfernen von Aufzählungszeichen
[Strg]+[T]	Vergrößern des Einzugs
[Strg]+[⇧]+[T]	Verkleinern des Einzugs
[Strg]+[L]	Ausrichtung links
[Strg]+[E]	Zentrieren
[Strg]+[U]	Unterstreichen
[Strg]+[>]	Vergrößern des Schriftgrads
[Strg]+[<]	Verkleinern des Schriftgrads
[Strg]+[X] oder [⇧]+[Entf]	Ausschneiden
[Strg]+[C] oder [Strg]+[Einfg]	Kopieren
[Strg]+[V] oder [⇧]+[Einfg]	Einfügen
[Strg]+[⇧]+[Z] oder [Strg]+[Leertaste]	Löschen der Formatierung
[Strg]+[⇧]+[H]	Löschen des nächsten Wortes

Text formatieren *(Forts.)*	
Strg + ⇧ + J	Dehnen eines Absatzes, sodass er zwischen die Seitenränder passt
Strg + ⇧ + S	Anwenden von Formatvorlagen
Strg + T	Festlegen eines hängenden Einzugs
Strg + K	Einfügen eines Hyperlinks
Strg + L	Ausrichten des Absatzes am linken Rand
Strg + R	Ausrichten des Absatzes am rechten Rand
Strg + ⇧ + T	Verkleinern des hängenden Einzugs
Strg + Q	Entfernen der Absatzformatierung

In einzelnen Outlook-Bereichen

E-Mail	
Strg + ⇧ + I	Wechseln zu Posteingang
Strg + ⇧ + O	Wechseln zu Postausgang
Strg + K	Überprüfen von Namen
Alt + S	Senden
Strg + R	Antworten auf eine Nachricht
Strg + ⇧ + R	Antworten auf eine Nachricht an alle
Strg + Alt + R	Antworten mit Besprechungsanfrage
Strg + F	Weiterleiten einer Nachricht
Strg + Alt + F	Weiterleiten als Anlage

E-Mail *(Forts.)*	
[Strg]+[Alt]+[J]	Aufheben der Junk-E-Mail-Markierung einer Nachricht
[Strg]+[⇧]+[I]	Anzeigen von gesperrtem externem Inhalt (in einer Nachricht)
[Strg]+[⇧]+[S]	Bereitstellen einer öffentliche Nachricht in diesem Ordner
[Strg]+[⇧]+[N]	Zuweisen der Formatvorlage *Standard*
[Strg]+[M] oder [F9]	Suchen nach neuen E-Mail-Nachrichten auf dem E-Mail-Server
[↑]	Wechseln zur vorherigen Nachricht
[↓]	Wechseln zu nächsten Nachricht
[Strg]+[N]	Erstellen einer Nachricht (in *E-Mail*)
[Strg]+[⇧]+[M]	Erstellen einer Nachricht (in einer beliebigen Ansicht von Outlook)
[Strg]+[O]	Öffnen einer empfangenen Nachricht
[Strg]+[⇧]+[D]	Löschen und Ignorieren einer Unterhaltung
[Strg]+[⇧]+[B]	Öffnen des Adressbuchs
[Einfg]	Hinzufügen einer Direktkennzeichnung zu einer ungeöffneten Nachricht
[Strg]+[⇧]+[G]	Anzeigen des Dialogfeldes zum Kennzeichen von Elementen zur Nachverfolgung
[Strg]+[Q]	Markieren als gelesen
[Strg]+[U]	Markieren als ungelesen
[Strg]+[⇧]+[W]	Öffnen der E-Mail-Info in der ausgewählten Nachricht

E-Mail *(Forts.)*	
F4	Öffnen des Dialogfeldes *Suchen und Ersetzen*
⇧ + F4	Weitersuchen
Strg + ↵	Senden
Strg + P	Drucken
Alt + ↵	Anzeigen der Eigenschaften für das ausgewählte Element
Strg + ⇧ + U	Erstellen einer Multimedianachricht
Strg + ⇧ + T	Erstellen einer Textnachricht (SMS)
Strg + Alt + M	Markieren zum Herunterladen
Strg + Alt + U	Aufheben der Markierung zum Herunterladen
F9	Starten der Übermittlung für alle definierten Übermittlungsgruppen
⇧ + F9	Starten der Übermittlung für den aktuellen Ordner
Strg + M	Starten der Übermittlung
Strg + Alt + S	Definieren von Übermittlungsgruppen
Strg + B	Anzeigen des Senden/Empfangen-Fortschritts (wenn *Senden/Empfangen* ausgeführt wird)

Kalender	
Strg + N	Erstellen eines neuen Termins (in *Kalender*)
Strg + ⇧ + A	Erstellen eines neuen Termins (in einer beliebigen Ansicht von Outlook)
Strg + ⇧ + Q	Erstellen einer neuen Besprechungsanfrage

Kalender *(Forts.)*	
[Strg]+[F]	Weiterleiten eines Termins oder einer Besprechung
[Strg]+[R]	Antworten auf eine Besprechungsanfrage mit einer Nachricht an alle
[Strg]+[⇧]+[R]	Antworten auf eine Besprechungsanfrage mit einer Nachricht
[Alt]+[0]	Anzeigen von zehn Tagen im Kalender
[Alt]+[1]	Anzeigen von einem Tag im Kalender
[Alt]+[2]	Anzeigen von zwei Tagen im Kalender
[Alt]+[3]	Anzeigen von drei Tagen im Kalender
[Alt]+[4]	Anzeigen von vier Tagen im Kalender
[Alt]+[5]	Anzeigen von fünf Tagen im Kalender
[Alt]+[6]	Anzeigen von sechs Tagen im Kalender
[Alt]+[7]	Anzeigen von sieben Tagen im Kalender
[Alt]+[8]	Anzeigen von acht Tagen im Kalender
[Alt]+[9]	Anzeigen von neun Tagen im Kalender
[Strg]+[G]	Wechseln zu einem bestimmten Datum
[Alt]+[=] oder [Strg]+[Alt]+[4]	Wechseln zur Monatsansicht
[Strg]+[→]	Wechseln zum nächsten Tag
[Alt]+[↓]	Wechseln zur nächsten Woche
[Alt]+[Bild↓]	Wechseln zum nächsten Monat
[Strg]+[←]	Wechseln zum vorherigen Tag

Kalender *(Forts.)*	
Alt + ↑	Wechseln zur vorherigen Woche
Alt + Bild ↑	Wechseln zum vorherigen Monat
Alt + Pos1	Wechseln zum Anfang der Woche
Alt + Ende	Wechseln zum Ende der Woche
Alt + - oder Strg + Alt + 3	Wechseln zur Ansicht der vollen Woche
Strg + Alt + 2	Wechseln zur Ansicht der Arbeitswoche
Strg + ,	Wechseln zum vorherigen Termin
Strg + .	Wechseln zum nächsten Termin
Strg + G	Festlegen einer Serie für den geöffneten Termin oder das geöffnete Besprechungselement

Kontakte	
Strg + ⇧ + D	Neuer Telefonanruf
F3 oder Strg + E	Suchen nach einem Kontakt oder einem anderen Element
⇧ +Buchstabe	In der Tabellen- oder Listenansicht von Kontakten Wechseln zum ersten Kontakt, der mit dem entsprechenden Buchstaben beginnt
Strg + A	Auswählen aller Kontakte
Strg + F	Erstellen einer Nachricht mit dem ausgewählten Kontakt als Betreff und Visitenkartenanlage
Strg + J	Erstellen eines Journaleintrags für den ausgewählten Kontakt

Kontakte *(Forts.)*	
Strg + N	Erstellen eines neuen Kontakts (in *Kontakte*)
Strg + ⇧ + C	Erstellen eines neuen Kontakts (in einer beliebigen Ansicht von Outlook)
Strg + O	Öffnen des Kontaktformulars für den ausgewählten Kontakt
Strg + ⇧ + L	Erstellen einer Verteilerliste
Strg + P	Drucken
F5	Aktualisieren einer Liste mit Mitgliedern der Verteilerliste
Strg + Y	Wechseln zu einem anderen Ordner
Strg + ⇧ + B	Öffnen des Adressbuchs
Strg + ⇧ + F	Verwenden der erweiterten Suche
Strg + ⇧ + .	In einem geöffneten Kontakt Öffnen des als Nächstes in der Liste aufgeführten Kontakts
F11	Suchen nach einem Kontakt
Esc	Schließen des Kontakts
Strg + ⇧ + X	Senden einer Faxnachricht an den ausgewählten Kontakt
Alt + D	Öffnen des Dialogfeldes *Adresse überprüfen*
Alt + ⇧ + 1	Im Kontaktformular Anzeigen der *E-Mail 1*-Informationen
Alt + ⇧ + 2	Im Kontaktformular Anzeigen der *E-Mail 2*-Informationen
Alt + ⇧ + 3	Im Kontaktformular Anzeigen der *E-Mail 3*-Informationen

Aufgaben	
[Alt]+[F2]	Einblenden oder Ausblenden der Aufgabenleiste
[Strg]+[E]	Suchen nach einer Aufgabe oder nach einem anderen Element
[Strg]+[Y]	Öffnen des Dialogfeldes *Wechseln zu Ordner*
[Strg]+[N]	Erstellen einer neuen Aufgabe (in *Aufgaben*)
[Strg]+[⇧]+[K]	Erstellen einer neuen Aufgabe (in einer beliebigen Ansicht von Outlook)
[Strg]+[O]	Öffnen des markierten Elements
[Strg]+[P]	Drucken des markierten Elements
[Strg]+[A]	Markieren aller Elemente
[Strg]+[D]	Löschen des markierten Elements
[Strg]+[F]	Weiterleiten einer Aufgabe als Anlage
[Strg]+[⇧]+[Alt]+[U]	Erstellen einer Aufgabenanfrage
[⇆] oder [⇧]+[⇆]	Wechseln zwischen Navigationsbereich, Aufgabenliste und Aufgabenleiste
[Strg]+[J]	Öffnen des markierten Elements als Journaleintrag
[Strg]+[Z]	Rückgängigmachen des letzten Vorgangs
[Einfg]	Kennzeichnen eines Elements als erledigt

Ansichten

Tabellenansicht	
↵	Öffnen eines Elements
Strg + A	Markieren aller Elemente
Bild ↓	Wechseln zu dem unten am Bildschirm angezeigten Element
Bild ↑	Wechseln zu dem oben am Bildschirm angezeigten Element
⇧ + ↑ oder ⇧ + ↓	Erweitern oder Reduzieren des Auswahlbereichs um ein Element
Strg + ↑ oder Strg + ↓	Wechseln zum nächsten oder vorherigen Element ohne Erweiterung des Auswahlbereichs
Strg + Leertaste	Auswählen des aktiven Elements oder Aufheben der Auswahl

Bei markierter Gruppe in der Tabellenansicht	
→	Erweitern einer einzelnen markierten Gruppe
←	Reduzieren einer einzelnen markierten Gruppe
↑	Markieren der vorherigen Gruppe
↓	Markieren der nächsten Gruppe
Pos1	Markieren der ersten Gruppe
Ende	Markieren der letzten Gruppe
→	Markieren des ersten Elements im Fenster in einer erweiterten Gruppe oder des ersten Elements außerhalb des Fensters auf der rechten Seite

Alle Kalenderansichten

Alt+Taste für die Anzahl der Tage	Anzeigen von einem bis neun Tagen
Alt+0	Anzeigen von zehn Tagen
Alt+-	Wechseln zu Wochen
Alt+=	Wechseln zu Monaten
Strg+↹ oder F6	Wechseln zwischen Kalender, Aufgabenblock und Ordnerliste
⇧+↹	Markieren des vorherigen Termins
←	Wechseln zum vorherigen Tag
→	Wechseln zum nächsten Tag
Alt+↓	Wechseln zum gleichen Tag in der nächsten Woche
Alt+↑	Wechseln zum gleichen Tag in der vorherigen Woche

Tagesansicht des Kalenders

Pos1	Markieren der Uhrzeit, zu der der Arbeitstag beginnt
Ende	Markieren der Uhrzeit, zu der der Arbeitstag endet
↑	Markieren des vorherigen Zeitraums
↓	Markieren des nächsten Zeitraums
Bild↑	Markieren des Zeitraums oben im Fenster
Bild↓	Markieren des Zeitraums unten im Fenster
⇧+↑ oder ⇧+↓	Erweitern oder Reduzieren der markierten Uhrzeit

Wochenansicht des Kalenders	
Pos1	Wechseln zum Beginn der Arbeitszeit für den markierten Tag
Ende	Wechseln zum Ende der Arbeitszeit für den markierten Tag
Bild ↑	Um eine Seite nach oben im markierten Tag
Bild ↓	Um eine Seite nach unten im markierten Tag
⇧+←, ⇧+→, ⇧+↑, ⇧+↓	Ändern der Dauer des markierten Zeitraums

Monatsansicht des Kalenders	
Pos1	Wechseln zum ersten Tag der Woche
Bild ↑	Wechseln zum gleichen Tag der Woche auf der vorherigen Seite
Bild ↓	Wechseln zum gleichen Tag der Woche auf der nächsten Seite

Ansichten »Visitenkarten« und »Adresskarten«	
↑	Markieren der vorherigen Karte
↓	Markieren der nächsten Karte
Pos1	Markieren der ersten Karte in der Liste
Ende	Markieren der letzten Karte in der Liste
Bild ↑	Markieren der ersten Karte auf der aktuellen Seite
Bild ↓	Markieren der ersten Karte auf der nächsten Seite

Ansichten »Visitenkarten« und »Adresskarten« *(Forts.)*	
→	Markieren der nächsten Karte in der nächsten Spalte
←	Markieren der nächsten Karte in der vorherigen Spalte
Strg + Leertaste	Markieren der aktiven Karte oder Aufheben der Markierung
⇧ + ↑	Erweitern des Auswahlbereichs auf die vorherige Karte und Aufheben der Markierung von Karten nach dem Ausgangspunkt
⇧ + ↓	Erweitern des Auswahlbereichs auf die nächste Karte und Aufheben der Markierung von Karten vor dem Ausgangspunkt
Strg + ⇧ + ↑	Erweitern der Markierung auf die vorherige Karte unabhängig vom Ausgangspunkt
Strg + ⇧ + ↓	Erweitern der Markierung auf die nächste Karte unabhängig vom Ausgangspunkt
⇧ + Pos1	Erweitern der Markierung auf die erste Karte in der Liste
⇧ + Ende	Erweitern der Markierung auf die letzte Karte in der Liste
⇧ + Bild ↑	Erweitern der Markierung auf die erste Karte auf der vorherigen Seite
⇧ + Bild ↓	Erweitern der Markierung auf die letzte Karte auf der letzten Seite

Stichwortverzeichnis

Z